Bill Mollison

Permakultur konkret

Gedruckt auf
100% Recyclingpapier

Bill Mollison

Permakultur konkret

Entwürfe für eine ökologische Zukunft

pala verlag

Die Beiträge in diesem Buch sind einer fünfzehnteiligen Vortragsreihe entnommen, die 1981 in den USA gehalten wurde und in den USA als Schreibmaschinenskript unter dem Titel *Permaculture Design Course Series* bei *Yankee Permaculture* erschienen ist.

Inhaltsverzeichnis

Vorwort zur deutschen Übersetzung

1981 bekam Bill Mollison für seine Arbeit den von dem Schweden Jacob von Uexküll gestifteten »Alternativen Nobelpreis«, dem damals von der Öffentlichkeit noch genauso wenig Beachtung geschenkt wurde wie der von Mollison analysierten Krise unseres Planeten. Inzwischen werden sowohl der Alternative Nobelpreis als auch die Arbeit Mollisons ernster genommen. Doch an der ökologischen Zerstörung unserer Lebensgrundlagen, mit der sich Mollison beschäftigt, hat sich wenig geändert, die Situation hat sich zum Teil noch dramatisch verschlimmert, auch wenn mittlerweile mehr Menschen dafür sensibilisiert sind.

Ebenfalls aus dem Jahr 1981 stammen die hier vorliegenden Vorträge von Mollison, die er bei einem Permakultur-Planungs-Seminar in Wilton, USA, gehalten hat. In den hier übersetzten Vorträgen beschäftigt sich Mollison mit den Grundlagen der Permakultur, mit der Planung und den Techniken. Vieles von dem, was Mollison in seinen Vorträgen darstellt, lässt sich nicht unmittelbar auf deutsche Verhältnisse übertragen: Wenn der Australier Mollison einen Vortrag für amerikanische Permakultur-Interessenten hält, kommt es zwangsläufig zu einer Vielzahl von »Amerikanismen« oder »Australismen«. So sind sicherlich die Grundstücksgrößen und Landschaftstypen, von denen er redet, in Mitteleuropa kaum zu finden, die rechtlichen Voraussetzungen sind andere und viele der Pflanzen- und Tierarten sind bei uns nicht heimisch.

Wir haben uns trotz dieser Einschränkungen zur Herausgabe dieser Vorträge, die im Original nur als Schreibmaschinen-Skript vorliegen, in Buchform entschlossen, weil sie für uns zum Besten und Spannendsten gehören, was in den letzten Jahren zu diesem Themenkomplex geschrieben und gedacht worden ist.

Aus zwei Gründen erscheint uns eine Übersetzung ohne große Kürzungen und »Eindeutschungen« möglich und sinnvoll: Zum einen geht es bei der Permakultur nicht um das Nachmachen von Einzelheiten, es geht um das Verständnis von Prinzipien (Kapieren statt Kopieren!). Gerade deshalb ist es wichtig, Mollisons Gedanken und Ideen nicht aus ihrem Gesamtzusammenhang zu reißen.

Zum anderen denken wir, dass Mollisons Vorträge auch von ihrer Lebendigkeit leben. Das Weglassen von Beispielen, die für Deutschland nicht relevant sind, würde zwar vielleicht ein »besseres Sachbuch« ergeben, aber vieles von der Atmosphäre, die uns wichtig erscheint, aus dem Buch nehmen.

Seit der Veröffentlichung der ersten Permakulturbücher von Bill Mollison 1981 auf Deutsch sind einige Jahre vergangen und auch die Bücher von Masanobu Fukuoka, der – auch wenn er aus einem völlig anderen Kulturkreis stammt – zu ähnlichen Ergebnissen wie Mollison kommt, haben hier einen großen Leserkreis gefunden. Doch noch immer steckt die Permakulturbewegung in Europa in den Anfängen, noch immer ist die Permakultur ein Außenseiter-Thema, das noch nicht die ihm eigentlich gebührende Aufmerksamkeit gefunden hat.

Wer sich mit der Permakultur in Deutschland oder auch mit diesem Buch beschäftigt, wird einen deutlichen Mangel feststellen: Noch gibt es zu viel übersetzte Literatur aus der »Neuen Welt« zu diesem Thema und zu wenig europäische. Wir werden uns bemühen, diese Lücke zu schließen, und versuchen, auch deutsche Publikationen zur Permakultur zu verlegen. Doch dazu sind wir auf die Hilfe derer angewiesen, die hier bei uns praktische Arbeit leisten und Erfahrungen sammeln. Diese Arbeit steckt vielfach noch in den Anfängen. Und solange das noch so ist, sind wir darauf angewiesen, von Bill Mollison und all denen zu lernen, die mehr Erfahrungen haben als wir.

Wolfgang Hertling, September 1989

Vorbemerkung zur Neuauflage

Die in diesem Buch gesammelten Vorträge von Bill Mollison sind inzwischen 40 Jahre alt, die deutsche Übersetzung ist über 30 Jahre alt.

Die Welt hat sich in diesen Jahren mit zunehmendem Tempo verändert. »Grüne« Themen und auch die permakulturellen Ideen haben inzwischen eine viel größere Verbreitung gefunden, vieles von dem, was 1981 noch als alternative Spinnerei galt, ist inzwischen Allgemeingut geworden und selbst in den Wahlprogrammen konservativer Parteien zu finden.

Vieles, was Mollison 1981 prognostiziert hat, ist eingetreten und auf erschreckende Weise aktuell. Die Umweltzerstörung ist rasant fortgeschritten. Die zunehmenden Waldbrände und Buschfeuer in Mollisons Heimat Australien und in den USA, die Häufung von Unwetterkatastrophen und Überschwemmungen in verschiedenen Teilen der Welt zeigen, wie recht Mollison mit seinen Thesen hatte und hat.

Deshalb haben wir uns erneut für eine Neuauflage dieses Buchs entschieden, zumal Mollisons Konzepte, seine Erläuterungen der grundlegenden Gedankengänge der Permakultur zeitlos aktuell sind.

Ihm geht es um das Verständnis der Prinzipien und Zusammenhänge, um das Erkennen und die umweltverträgliche Nutzung von Ressourcen. Und das ist heute noch genauso wichtig und richtig wie 1981.

Wolfgang Hertling, November 2021

Permakultur – was ist das?

Eine schreckliche Zeit

Ich glaube, noch niemand hat wirklich kurz zusammengefasst, was heute auf der Erde vor sich geht.

Damit wir unsere Lebensweise ändern, müssen wir anscheinend erst einmal gründlich erschreckt werden und alle möglichen Katastrophen vor Augen haben. San Francisco kann jederzeit in einem Erdbeben untergehen – daran können wir nicht viel ändern. Aber es gibt viele Dinge, für die wir Menschen persönlich verantwortlich sind. Das ist ein so großer Bereich, dass fast alles, was wir jetzt besprechen werden, damit zusammenhängt.

Die Systeme, die am Zusammenbrechen sind, sind die Nahrungskreisläufe, die Böden, die Wälder und die Atmosphäre – und verantwortlich dafür sind wir. Wir verursachen diesen Zusammenbruch. Wir haben (nirgendwo im Westen und wahrscheinlich auch sonst nirgends, außer in Stammeskulturen) keine Methoden der Land- und Forstwirtschaft entwickelt, die von Dauer sein können. Uns fehlt auf diesen Gebieten der systematische Ansatz.

Es hat sich herausgestellt, dass die Wälder für den Sauerstoffkreislauf viel wichtiger sind, als wir es bislang geahnt haben. Wir haben bisher immer angenommen, die Meere seien am wichtigsten – das stimmt aber nicht. Nur etwa acht Prozent des Sauerstoffs, der an die Luft abgegeben wird, stammt aus dem Meer, und dieser Prozentsatz nimmt ab: Wenn wir die Meere weiterhin mit Quecksilber verschmutzen, dann werden sie irgendwann Sauerstoff verbrauchen, anstatt welchen abzugeben. Das Gleichgewicht verschiebt sich. Es sind deshalb hauptsächlich die Wälder, die uns vor einem Zusammenbruch schützen.

Einige sind besonders wichtig. Dazu gehören insbesondere die immergrünen Wälder: die äquatorialen Regenwälder und die Nadelwälder kalter Klimazonen wie der russischen Tundra. Von entscheidender Bedeutung für den Sauerstoffkreislauf des atmosphärischen Systems sind die Regenwälder.

Die Wälder erzeugen auch einen großen Teil der Niederschläge. Wenn auf Bergkämmen die Wälder gerodet werden, fällt in diesem Gebiet zehn bis dreißig Prozent weniger Regen, das ließe sich ja vielleicht noch ertragen. Die Gesamtmenge der Niederschläge kann aber bis um die fünfundachtzig Prozent abnehmen, denn Regen und Schnee machen nur einen kleinen Teil der Niederschläge aus. Es ist ziemlich wahrscheinlich, dass in windstillen Nächten, wenn keine Wolken am Himmel sind und die Regenmessgeräte nichts anzeigen, in Wäldern größere Niederschlagsmengen (als Tau) anfallen. Besonders stark ist dieses Phänomen in maritimen Klimazonen, aber es tritt überall auf. Man kann deshalb eine Landschaft ganz rapide in eine Steppe verwandeln, wenn man die Wälder auf den Höhenzügen rodet. Und das geschieht zurzeit im großen Stil.

Wälder haben die Eigenschaft, ausgleichend zu wirken: Sie verhindern extreme Hitze und Kälte, entziehen der Luft industrielle Schadstoffe und speichern Niederschläge, wodurch sie in Bächen und Flüssen für einen relativ gleichmäßigen Wasserstand sorgen; durch die Rodung entstehen Extremzustände. Und in Wäldern wird Mutterboden gebildet – Wälder gehören zu den wenigen Humus erzeugenden Systemen auf der Erde.

Wie gehen wir mit den Wäldern um? Wir stellen eine Menge Wegwerfprodukte aus ihnen her. Papier, insbesondere Zeitungspapier, wird in immer größeren Mengen produziert. Die Fläche, auf der Bäume gefällt werden, ist gegenwärtig jedes Jahr um eine Milliarde Hektar größer, als die, auf der Bäume neu gepflanzt werden. Das ist jedoch kein fest stehender Wert: Im letzten Monat hat sich diese Zahl zum Beispiel verdoppelt, weil im Tal des Mississippi große Waldungen für den Anbau von Sojabohnen gerodet wurden.

Von all den Wäldern, die es einmal gab, sind in Europa nur noch zwei Prozent übrig. Ich glaube, dass es richtigen Urwald in Europa nur noch in Naturschutzgebieten gibt. In Südamerika gibt es noch acht Prozent Urwald und in anderen Gebieten dürfte diese Zahl bei etwa fünfzehn Prozent liegen. Wir haben die Wälder also zum größten Teil schon zerstört und haben es jetzt mit den Überbleibseln zu tun. Die Geschwindigkeit, mit der Wälder vernichtet werden, ist von Gebiet zu Gebiet verschieden – aber selbst in den am besten gepflegten

Wäldern haben wir im Allgemeinen eine ständige Verlustrate von vier Prozent im Jahr. Damit bleiben uns noch rund fünfundzwanzig Jahre. Aber in ganz Südostasien, in Südamerika und der sogenannten Dritten Welt und überall im Westen, wo der Wald multinationalen Konzernen gehört, wächst nach dem Abholzen kaum etwas nach. »Cut and Run« heißt die Devise.

Wir haben uns lange in Sicherheit wiegen lassen von Firmen, die uns versichern, dass sie für jeden abgesägten Baum acht neue pflanzen. Wirklich wichtig aber ist die Biomasse. Wenn man mehr als hundertfünfzig Tonnen aus dem Wald holt und dafür ein gutes halbes Pfund wieder hineinbringt, kann man wohl kaum behaupten, dass die Biomasse erhalten bleibt.

Wie nutzen wir die Wälder? Hauptsächlich zur Herstellung von Zeitungspapier und Verpackungsmaterial. Selbst die wenigen Urwälder, die es noch gibt, werden zu diesem Zweck abgeholzt. Wälder, in denen der Mensch bislang noch keine Spuren hinterlassen hatte, werden jetzt gerodet, um Zeitungen herzustellen. Zum Teil bestehen die Wälder aus Bäumen, die erst in hundert Meter Höhe ihren ersten Ast haben, gigantische Kathedralen – solche Bäume werden zu Holzspänen verarbeitet. Aus Bäumen, die viel größer als die amerikanischen Mammutbäume sind, werden Holzspäne und später Zeitungen gemacht. Die majestätischen Urwälder werden also größtenteils vernichtet, um etwas produzieren zu können, das sich auch aus minderwertigem Abfallholz herstellen ließe.

Der verschwenderische Umgang mit den Wäldern hat aber noch andere Folgen. Abfallprodukte aus Wäldern töten große Teile des Meeres ab. Der wesentliche Grund dafür, dass die Ostsee, das Mittelmeer und die Küstengewässer vor New York inzwischen mehr Sauerstoff verbrauchen, als sie erzeugen, liegt darin, dass wir den Meeresboden mit Produkten des Waldes zudecken.

Durch den Tod der Wälder werden jedes Jahr rund zwölf Billionen Tonnen Kohlendioxid freigesetzt. Wir brauchen die Wälder, um das Kohlendioxid festzuhalten – aber trotzdem zerstören wir das System, das uns helfen könnte. Dieses Zerstörungswerk ist schon weitgehend getan. Wir beschäftigen uns eigentlich nur noch mit den Resten der Wälder.

Die Zusammensetzung der Atmosphäre verändert sich. Sie verliert die Fähigkeit, Wetterschwankungen auszugleichen, und das hat Folgen für das globale Klima. Jeden Monat stellen wir in irgendeiner Hinsicht einen neuen Weltrekord auf. Meine Heimatstadt liegt gut geschützt zwischen Wald und Meer, aber wir hatten nacheinander den windigsten, den trockensten und den nassesten Monat seit zweihundert Jahren. Was passiert also mit unserem Klima? Es sind weder Treibhauseffekt noch eine neue Eiszeit; das Klima schwankt einfach so heftig, dass es völlig unvorhersehbar ist, welcher Rekord als Nächstes gebrochen wird. Wenn aber einer gebrochen wird, dann plötzlich und unter extremen Bedingungen. Wir werden in der Zukunft eine ungeheuere Wechselhaftigkeit in unserem Klima erleben.

Wir können mit dem Roden weitermachen und in ungefähr zwölf Jahren ist es dann vorbei mit den Wäldern *(Anmerkung: Der Vortrag wurde im Jahre 1981 gehalten)*.

Da ist aber noch etwas anderes zu bedenken. Es würde schon ausreichen, wenn es nur die Rodungen wären, die die Wälder zerstören. Aber seit den zwanziger Jahren werden immer häufiger einzelne Baumarten durch Krankheiten oder Schädlinge ausgerottet. In Nordamerika fing es damit an, dass eine Trockenfäule die Esskastanien vernichtet hat. Diese Bäume haben in weiten Landstrichen achtzig Prozent des Waldes ausgemacht. Wenn eine einzige Art verschwindet, kann das also einen enormen Verlust an Biomasse und biologischem Potenzial bedeuten. Eine merkwürdige Sache dabei, die von den meisten Leuten nicht bemerkt wird, ist Folgendes: Die Bäume mit der größten Blattfläche sterben zuerst. Als Erstes waren die Esskastanien dran, die etwa fünfundzwanzig Hektar Blattfläche pro Baum haben – dann kamen die Ulmen mit rund sechzehn Hektar. Jetzt geht es an die Buchen und Eichen und in Australien und Tasmanien an die Eukalyptusbäume. In Japan sterben sogar die Nadelbäume – die Nadelwälder dort gehen in einem rasenden Tempo ein. Dasselbe passiert mit den Nadelwäldern in Kanada und in Russland.

Lasst mich zu einer Sache kommen, die man *Schädlings-Verschwörung* nennen könnte. Jeder Wald in jedem Land ist anders, insofern, als seine Ulmen, seine Kastanien, seine Pappeln und Fichten jeweils von unterschiedlichen Schädlingen angegriffen werden. Auf

Insekten muss man irgendwie reagieren – die Amerikaner spritzen Gift; die Engländer fällen und verbrennen die befallenen Bäume; die Reaktion der Australier ist, zu sagen: »Ach, zum Teufel! Nächstes Jahr sind sie tot, was soll's.«

Sind wirklich diese Schädlinge und Krankheiten für den Tod der Bäume verantwortlich? Was sind das für Krankheiten? Für den Tod der Eukalyptusbäume sind Phasmiden verantwortlich. Zimtbäume werden von einem Pilz angegriffen. Das Ulmensterben wird auf den Pilz *Graphium ulmi* zurückgeführt. Bei Pappeln und Fichten ist es ein Rostpilz. Meint Ihr wirklich, dass diese Krankheiten den Wald umbringen? Ich glaube, die Sache liegt anders: Der Wald ist ein sterbendes System und die Verwesungsorganismen beginnen, die Leiche zu zersetzen. Wer den Wald sehr gut kennt, weiß, dass es ausreicht, einen Baum mit einer Axt zu verletzen, mit einem Bulldozer zu streifen oder mit dem Auto dagegen zu fahren – man kann feststellen, dass innerhalb von drei Tagen Insekten, »Schädlinge« und andere Verwesungsorganismen die Wunde bevölkern und dass der Baum schon keine Chance mehr hat. Sie werden vom Geruch des sterbenden Baumes angezogen. Wir haben das in Australien ausprobiert. Wir haben einen Baum verletzt und die Phasmiden sind gekommen. Sie haben es gerochen. Der verletzte Eukalyptusbaum ist Nahrung für sie und sie kommen zum Fressen. Genauso ist es mit der *Gypsy Moth. (Anmerkung des Übersetzers: ein Schmetterling, der im Osten der USA, wo dieser Kurs gehalten wurde, in Massen vorkommt – seine Raupen fressen Obst- und andere Laubbäume oft völlig kahl.)* Sie kommt genau zur richtigen Zeit, um schwächliche Bäume abzuräumen und schnell zu zersetzen, sodass der Kreislauf des Lebens wieder neu beginnen kann. Aber wir spritzen Gift gegen die *Gypsy Moth* und das stört das ökologische Gleichgewicht.

In Wirklichkeit sind diese Schädlinge also nicht die Ursache des Waldsterbens. Die eigentliche Ursache setzt sich aus mehreren Faktoren zusammen. Es ist angenehm, die Schuld auf jemanden schieben zu können, also geben wir dem »Schädling« die Schuld. Dass die Bäume eingehen, hat ganz andere Ursachen, nämlich grundlegende Veränderungen im Lichteinfall in den Wäldern und in der Qualität von Luft, Wasser und Boden.

Soweit es sich herausfinden lässt, haben wir bis zum Jahr 1950 die Hälfte des ursprünglich vorhandenen Mutterbodens verloren. Seit 1950 ist diese Verlustrate ziemlich gut gemessen worden und in dieser Zeit haben wir dreißig Prozent der Böden verloren, die wir damals noch hatten *(Anmerkung: Der Vortrag wurde 1981 gehalten)*. Der Verlust von weiteren dreißig Prozent weltweit lässt sich nicht mehr aufhalten.

Im Jahr werden etwa zehn Tonnen Mutterboden pro Hektar neu gebildet, in trockenen Gebieten allerdings viel weniger. Dieser Boden entsteht durch den Regen und die Arbeit der Pflanzen. Die Neubildungsrate ist unterschiedlich, in Wüsten ist sie sehr niedrig, aber in feuchtem, gemäßigtem Klima sind es etwa zehn Tonnen. Wenn also zehn Tonnen Erde pro Hektar und Jahr verloren gehen, bleibt die Menge von Mutterboden auf Eurem Land konstant. Aber was passiert im Normalfall? In Australien verlieren wir auf Ackerland etwa siebzig Tonnen Erde pro Hektar und Jahr. Und in Amerika ist man uns noch weit voraus. In den Maisanbaugebieten gehen bis zu tausend Tonnen pro Hektar und Jahr verloren.

Auf Ackerland liegt der durchschnittliche Verlust bei etwa fünfzig Tonnen, aber er kann auch bei tausend und mehr Tonnen liegen. Auch in Kanada wird der Verlust an Humus gemessen, hier ergibt sich dasselbe Bild: Der Humus geht zur Neige. In den Getreideanbaugebieten Nordamerikas haben die Farmer mit guten, humusreichen Böden angefangen. Inzwischen bearbeiten sie den mineralischen Unterboden.

Das Folgende sollte uns alle interessieren: Jeder Mensch, der sich von Getreide ernährt – egal ob er im Westen oder in der sogenannten Dritten Welt lebt –, ist verantwortlich für den Verlust von zwölf Tonnen Mutterboden pro Jahr. So viel geht beim Getreideanbau durch Pflügen und die anschließende Erosion verloren. Solange wir pflügen, verlieren wir Mutterboden, und zwar so schnell, dass in einem Jahrzehnt vielleicht kaum noch fruchtbare Böden vorhanden sein werden.

Aber wir verlieren noch aus einem anderen Grund Boden, und zwar durch Versteppung. Im Staate Victoria in Australien sind dieses Jahr allein dreihunderttausend Hektar Land so sehr versalzt, dass sie für die Landwirtschaft unbrauchbar geworden sind. Wir verlieren also nicht nur die Böden, die wir pflügen, sondern auch große Mengen an Land, das nicht gepflügt wird, aber aus anderen Gründen seine landwirtschaftliche Nutzbarkeit einbüßt.

Waldrodungen sind eine der Hauptursachen dafür, dass Land unbrauchbar wird – und meist handelt es sich dabei um Rodungen, die weit entfernt sind von den Gebieten, in denen dann die Böden versteppen. Das bedeutet, dass man nichts dagegen tun kann, wenn die Böden hier versalzen, weil die Ursachen irgendwo oben im Quellgebiet der Flüsse liegen, vielleicht tausend Kilometer entfernt. In Australien beginnen die Böden jetzt sogar schon in feuchten Klimazonen zu versalzen. Früher ist das nur in Trockengebieten passiert, aber jetzt geht es auch in feuchten, mediterranen Gegenden los. Wie es dazu kommen konnte?

Das ist zwar kein einfacher Prozess, aber er ist leicht zu verstehen. Der Regen fällt auf die Berge, durchnässt die Wälder und wird dann nach unten weitertransportiert. Wenn wir die Wälder abholzen, haben wir einen Verlust an Verdunstung. Wälder verdunsten sauberes Wasser in die Atmosphäre und sie geben sauberes Wasser nach unten ab. Dieses Sickerwasser ist angereichert mit den Salzen, die unweigerlich entstehen, wenn aus dem toten Unterboden die zehn Tonnen Mutterboden pro Hektar neu gebildet werden. Solche Salze werden normalerweise in tief liegenden Grundwasseradern transportiert. Regenwasser fällt auf den Boden und sickert dann nach unten. Selbst in Gegenden mit viel Regen ist das Tiefenwasser viel salziger als das Oberflächenwasser. Die Bäume wirken als Pumpen, die den Grundwasserspiegel niedrig halten. Das ist schon der ganze Prozess.

Wenn wir die Bäume roden, steigt das Grundwasser mit messbarer Geschwindigkeit an und das geschieht zurzeit auf riesigen Flächen in Amerika und Australien. Wenn das Grundwasser bis auf ungefähr einen Meter an die Oberfläche herangekommen ist, werden die Bäume von allen möglichen »Schädlingen« getötet. Steigt es bis auf einen halben Meter an die Oberfläche heran, dann bekommt man Schwierigkeiten mit der Landwirtschaft. Und wenn das Grundwasser an die Oberfläche kommt, beginnt es zu verdunsten und der Boden versalzt. Die australische Regierung stellt den Bauern dann kostenlos Pumpen zur Verfügung und sie pumpen das Salzwasser aus dem Boden. Wohin mit dem salzigen Grundwasser?

Als Nächstes wird Beton geliefert und man leitet Wasser aus den Flüssen auf die Felder, während das salzige Grundwasser ins Meer gepumpt wird. Das machen sie in Australien schon lange so – inzwischen brauchen sie eine Million Pumpen. Und die Regierung liefert nicht nur Pumpen an die Farmer, sondern gibt gleichzeitig der *Trans-National Company* noch neue Genehmigungen, Wälder für Zeitungspapier abzuholzen. Trans-National geht es sehr gut dabei – sie verkauft nicht nur Holzspäne, sondern auch Pumpen.

Den meisten Leuten geht es allerdings überhaupt nicht gut dabei. Wir verlieren fruchtbare Böden und die Wüste breitet sich mit einer erschreckenden Geschwindigkeit aus. Dabei wird in dieser Gegend noch nicht einmal der Boden gepflügt. Ihr wollt wissen, ob die Fachleute der multinationalen Firmen sich dieser Problematik bewusst sind? Nein – sie sind nur in Betriebswirtschaft, Wirtschaftswissenschaften und allen möglichen anderen irrelevanten Gebieten bewandert.

Auch Bergwerke sind ein wichtiger Faktor, der zur Versalzung der Böden beiträgt, in einigen Gebieten Westaustraliens und sicherlich auch anderswo sind sie ganz allein verantwortlich für den Verlust ausgedehnter Laubwälder. Beim Bergbau werden große Mengen salzhaltigen Wassers an die Oberfläche gepumpt, wo es dann verdunstet.

In Großbritannien ist der Straßenbau die wichtigste Ursache für den Verlust an Böden. Ich glaube, dort kommt auf jeden Quadratkilometer Land ein Kilometer Straße. Und es werden immer mehr Straßen gebaut, weil man glaubt, dass man den Boden nicht braucht, während ein erweitertes Straßennetz den Energieverbrauch und damit das Bruttosozialprodukt in die Höhe treibt. Durch Straßen- und Städtebau gehen Böden für immer verloren.

Elf Prozent der Erde sind gute landwirtschaftliche Böden und genau auf diesen Böden werden in der Regel die Städte gebaut. Kanada ist ein gutes Beispiel für ein Land, in dem die allerbesten Böden durch Städtebau vernichtet werden. In den letzten Jahren sind dort viele Bauern gezwungen worden, sich auf schlechteren Böden anzusiedeln. Obwohl immer weniger guter Boden zur Verfügung steht, wird von den Bauern verlangt, dass sie die Produktion aufrecht erhalten oder sogar steigern. Das ist aber ein Teufelskreis – denn der Verlust landwirtschaftlicher Böden ist weitgehend darauf zurückzuführen, dass zur Bearbeitung dieser Böden zu viel Energie verwendet wird, sowohl mechanische als auch chemische Energie. Wenn wir nun auf immer kleineren Flächen die gleichen Mengen produzieren wollen, dann wird immer mehr Energie in die Bodenbearbeitung gesteckt, und entsprechend steigt die Verlustrate an Mutterboden.

Es gibt noch andere Ursachen für den Verlust an Böden. Im trockenen Südwesten der USA wird eine »Cut and Run«-Landwirtschaft betrieben, bei der man landwirtschaftliche Kulturen mit salzhaltigem Wasser aus Tiefbrunnen bewässert. Nach vier Jahren ist der Boden an der Oberfläche so versalzen, dass der Bauer in eine andere Gegend umziehen muss, wo er dann einen neuen Tiefbrunnen anlegt. Auf diese Weise wird das Land Stück für Stück zerstört – man kann dabei zusehen. Zwei oder drei Jahre lang ist die Ernte gut, dann lohnt sich der Anbau nicht mehr. Die Erde ist dann so mit Karbonaten angereichert, dass der Bauer aufgeben muss. Der pH-Wert steigt pro Jahr etwa um zwei Einheiten (das heißt, der Boden ist hundertmal so basisch wie zuvor). Man fängt vielleicht bei pH 8 an und wenn man bei pH 11 angelangt ist, zieht man anderswohin.

Betrachten wir nun die Abtragung von Böden durch Winde. Sie hat dazu geführt, dass die Böden im Inneren von Nordamerika immer schlechter werden. Erde wird vom Wind bis nach Los Angeles getragen und fällt dort als roter Regen nieder. Von Grenzertragslagen in Zentral-Australien wird der Boden verweht und geht auf die Städte als feiner Staub nieder – dabei sind Verluste von dreißig Tonnen pro Hektar und Tag gemessen worden. Wind trägt ganz wesentlich zu den Bodenverlusten bei. Er spielt eine umso wichtigere Rolle, je trockener die Gegend ist. Um 1990 herum werden wir nicht mehr viele landwirtschaftliche Böden haben – und auf den wenigen noch nutzbaren Flächen wird sich eine hektische Aktivität entfalten.

Wir brauchen nur die Böden und die Wälder zu betrachten, um zu sehen, dass wir schon bald an die Grenzen unserer Welt stoßen werden. Ich glaube, wir können mit Bestimmtheit sagen, dass es nirgendwo in der Welt eine Land- oder Forstwirtschaft gibt, die sich dauerhaft durchführen ließe.

Jetzt wollen wir uns mit dem Wasser beschäftigen. Schon vor einem Jahrzehnt *(Anmerkung: 1970)* ist gesagt worden, dass Wasser einmal der kostbarste Stoff auf der Erde werden würde. Überall fällt der Grundwasserspiegel rapide ab. Da stehen sehr alte Systeme auf dem Spiel. Viele von ihnen brauchen etwa vierzigtausend Jahre, um sich zu regenerieren. Die Zeiten sind vorbei, in denen man billiges und gutes Oberflächenwasser bekommen konnte. Gäbe es das noch, dann würde Los Angeles es kaufen und verbrauchen. Ein wesentlicher Grund dafür ist, dass wir in den Städten die Oberfläche zupflastern. Das Wasser kann nicht mehr in den Grund eindringen. Wir versiegeln große Flächen mit Asphaltstraßen. Das Grundwasserreservoir wird nicht wieder aufgefüllt – sobald das Wasser in einen Bach oder Fluss gerät, ist es weg. Es ist auf dem Weg ins Meer oder es verdunstet irgendwo und versalzt den Boden. Ist das Wasser erst einmal in einem Fluss, dann ist es nicht mehr besonders nützlich. Besonders in den Städten und in den Randgebieten der Wüsten ist wichtig, was mit dem Wasser geschieht. Die geraten jetzt in große Schwierigkeiten. In Afrika breiten sich die Wüsten aus und bringen Millionen von Menschen um. In den Randgebieten der Sahara findet zurzeit eine riesige Völkerwanderung statt.

Eine der Gefahren, die jetzt auf uns zukommen, entwickelt sich aus der Endlagerung radioaktiver Stoffe. Im Tal des Sacramento tauchen diese Stoffe jetzt im Grundwasser auf. Vielleicht solltet Ihr zu messen anfangen, wie viel Radioaktivität, wie viel PCB und wie viel Dioxin Ihr in Eurem Trinkwasser habt – diese und viele andere Schadstoffe sind jetzt im Grundwasser in Maine, New Jersey und Kalifornien gefunden worden und anderswo könnte man sie wahrscheinlich auch finden. Die Industrie hat giftige Abfälle einfach in Tiefbohrungen verschwinden lassen – inzwischen haben sich diese im Grundwasser aufgelöst, das deshalb in weiten Gebieten völlig unbrauchbar geworden ist. Ich glaube, in Boston hat man es aufgegeben, Grundwasser zu verwenden. Und es wird sich auch nie wieder verwenden lassen. Es ist unmöglich, derart vergiftetes Grundwasser zu säubern.

In vielen Städten enthält das Leitungswasser jetzt 700 Teile (aufgelöste Salze) pro Million (ppm) Wassermoleküle, das kann die menschliche Niere gerade noch verkraften. Bei 1.100 ppm bekommt man Schwächeanfälle, Wasser sammelt sich im Gewebe und alle möglichen anderen Gesundheitsprobleme treten auf. Die meisten Todesfälle hierdurch treten in Großstädten wie Los Angeles oder Perth und Adelaide in Australien auf. In all diesen Gebieten sollte man besser aufhören, Wasser zu trinken. Zum Duschen kann es noch benutzt werden, obwohl zum Beispiel in Atlanta so viel Chlor im Wasser ist, dass man beim Duschen fast erstickt. PCB verursacht Sterilität. Zwanzig Prozent der männlichen amerikanischen Bevölkerung dürften inzwischen steril sein.

Die Tatsache, dass Wasser im Begriff ist, eine knappe Ressource zu werden, ist total unverständlich, wenn man bedenkt, dass allein auf das Dach dieses Hauses hier jedes Jahr rund zwei Millionen Liter Regen fallen. Aber Ihr könntet hier wirklich bald unter Wassermangel leiden, wenn Ihr das Regenwasser nicht sammelt und speichert.

Ein wichtiger Grund für die Wasserknappheit ist der Verlust der Bäume. Das Wasser zirkuliert nicht mehr so wie früher – es fällt auf die Erdoberfläche und wird dem Kreislauf entzogen. Siebenundneunzig Prozent des Wassers sind gebunden und nur drei Prozent überhaupt am Wasserkreislauf beteiligt. Und wir reduzieren diesen Prozentsatz ganz rapide.

Es gibt noch andere Faktoren, zum Beispiel die Umweltverschmutzung. Die Leute sind ganz wild auf Energie und reißen sich um Holz, Kohle, Öl und Atomenergie. Alle diese Energiequellen sind gefährlich für das Gesamtsystem. Da kommt noch einiges auf uns zu. Die größte Gefahr geht dabei jeweils vom Resultat aus, also von dem, was beim Prozess herauskommt, von dem, was den Schornstein hochgeht. Bei der Verbrennung von Holz kommt noch hinzu, dass Bäume vernichtet werden.

Chemikalien – was lässt sich dazu sagen? Bei Chemikalien, die in großen Mengen angewendet werden, ergeben sich in der Regel weitreichende, unvorhersehbare Folgen. Man denke etwa an DDT, PCB, Dioxin und Chlor – es gibt noch viele andere Chemikalien und sie werden immer weiter verbreitet.

Die Zukunft sieht – vorsichtig gesagt – düster aus. Unsere Kinder werden es unglaublich finden, dass wir Zeiten erlebt haben, in denen es Nahrungsmittel im Überfluss gab. Das alles wird aus absolut lächerlichen Gründen aufs Spiel gesetzt. Von den Atomreaktoren der USA wird exakt so viel Strom erzeugt, wie in den Wäschetrocknern verbraucht wird.

Den Betrieb auf den amerikanischen Landstraßen kann ich einfach nicht aushalten. Ich komme mir vor wie in einem Irrenhaus. Ich muss das Auto verlassen und umhergehen, sonst drehe ich durch. Das liegt nicht an der Umgebung, sondern daran, was die Leute tun – sie fahren herum wie die Verrückten. Wohin wollen sie eigentlich? Sie fliehen alle vor irgendwas. Ich würde gerne mal herausfinden, was in den riesigen Lastern, die überall herumrasen, eigentlich drin ist. Ist es völlig unnützes Zeug? Oder Ware, die an ihrem Bestimmungsort auch produziert wird? Oft genug habe ich Lastwagen gesehen, die sich entgegenkommen und das gleiche geladen haben.

Mit diesem ganzen Problemkreis, einschließlich des Energieproblems, müssen wir uns unverzüglich befassen und dazu brauchen wir eine umfassende Strategie. Es ist durchaus machbar, wir können die ganze verfahrene Situation wieder in Ordnung bringen. Bislang haben wir praktisch nichts unternommen und dadurch wird die Lage nicht besser. Die große Versuchung, der die ganze akademische Welt erliegt, besteht darin, die Zusammenhänge erst einmal zu erforschen. Was meint Ihr, brauchen wir noch mehr Tatsachen? Oder ist die Zeit gekommen, aufgrund der Tatsachen, die wir schon haben, mit dem Handeln zu beginnen?

Schon 1950 wussten wir genug über diese Probleme und hätten anfangen können, sie in Ordnung zu bringen. Aber wir sind der Versuchung erlegen, weitere Tatsachen zu sammeln. Ich glaube, davon haben wir jetzt genug beisammen. Genug Leute verschwenden ihre Zeit damit, neue Tatsachen aufzudecken. Außerdem: Je besser wir die Zusammenhänge durchschauen, desto deutlicher wird, dass die Lage schlimmer ist, als es den Anschein hat.

Strategische Hilfsmaßnahmen

Beim Entwurf dauerhafter Systeme können wir auf Wald, Dauerweide und Teiche zurückgreifen und auf landwirtschaftliche Methoden, die ohne Pflügen des Bodens auskommen. Bis wir mehr darüber wissen, ob auch andere Nutzungsweisen des Landes dauerhaft durchführbar sind, müssen wir uns darauf beschränken, mit diesen Elementen zu arbeiten.

Industrielles Brauchwasser lässt sich von Dächern gewinnen. Die Menschen in den Siedlungen können sich selber mit Regenwasser versorgen. Amerika hat nicht zu wenig Wasser, sondern zu wenig Tanks. Es gibt verschiedene Sorten Tanks. Eine stellt man unter die Regenrinne und sammelt darin den Regen, der auf das Dach fällt. Dann gibt es noch eine ganz billige Sorte: Erdtanks. Wir können genug Wasser für unseren Bedarf gewinnen, gutes Süßwasser, das wir gegenwärtig ins Meer laufen lassen.

Es gibt drei Speicherungsmethoden: Wir können das Wasser in der Erde speichern, in einfachen Erdtanks oder Teichen und in versiegelten, wasserdichten Zisternen. Für landwirtschaftliche Zwecke ist die Speicherung in der Erde am günstigsten. Brauchwasser sollte man in einfachen Teichen speichern, sie sind auch sehr billig. Für den Preis eines zwanzigtausend Liter fassenden Betonbeckens können wir einen Teich anlegen, der eine Million Liter fasst.

Wir müssen juristische und finanzielle Strategien entwickeln. Wir können auf lokaler Ebene viel mehr sich selbst versorgende Lebensbereiche schaffen. Menschen, die an diesem Ziel arbeiten, bauen Gewächshäuser an ihre Häuser und bewirtschaften einen Garten. Da ist eine grundlegende Umstellung im Gange. So fangen wir an: auf einem kleinen Grundstück.

Etwas Wichtiges haben wir bisher vernachlässigt. Wir haben diese Frage nicht nur ignoriert, sondern regelrecht einen Bogen darum geschlagen. Nämlich: Wo bekommen wir das Geld her, um in solche alternativen Systeme zu investieren? Damit müssen wir uns auch befassen. Es gibt eine Menge Strategien und einige davon bieten sich für uns auch an. Wenn wir effektiv sein wollen, müssen wir so schnell wie möglich wirkungsvolle Schritte unternehmen und möglichst viel

Arbeit möglichst schnell an möglichst viele Menschen delegieren. Es ist völlig unmöglich, dass wir die Sache in den nächsten fünf Jahren schaffen, wenn nur wir selber daran arbeiten. Deshalb bin ich hierher gekommen, um das Monopol der Ober-Alternativen in Amerika zu brechen. Wir brauchen massenweise Experten. Ich habe nicht die Absicht, irgendetwas patentieren zu lassen oder Informationen zurückzuhalten – selbst an die Jobs sollen alle rankommen können. Wir haben nicht mehr die Zeit, so etwas auf eine kleine Gruppe zu beschränken. Unser System baut auf Kooperation auf, nicht auf Konkurrenz. Bislang sind wir nur ganz wenige, deshalb müssen wir möglichst effektiv arbeiten, wenn wir in kurzer Zeit große Veränderungen bewirken wollen.

Unsere Moral lautet: Wir müssen aufhören, die Reichen zu bewundern. Wir brauchen eine neue Ethik. Wir müssen die Haltung aufgeben, die uns in Schulen und an Universitäten anerzogen wurde. Das Wissen, das wir anwenden, all die Methoden und Prinzipien, die sich aus Naturbeobachtungen ergeben haben, sind **passiv** formuliert. Um Permakultur betreiben zu können, müssen wir eine geistige Wende vollziehen und begreifen, dass wir unser Wissen **aktiv** werden lassen können. Wir müssen vom beobachtenden, passiven Denken zu aktivem, schöpferischem Denken kommen.

Wie sehen die Strategien aus, für die wir keine Landwirtschaft brauchen? Die übliche Landwirtschaft ist ein zerstörerisches System. Nun, zuerst brauchen wir viel mehr Gärtner. Gärtner sind die produktivsten Bauern und sind es schon immer gewesen. Daran hat noch niemand gezweifelt. Wenn eine Farm vergrößert wird, sinken automatisch Produktivität und Flächenertrag – der Ertrag wird allerdings unter weniger Menschen aufgeteilt. Deshalb sind die großen Farmen ökonomisch »effizient«. Wer auf diese Weise über effektive Landwirtschaft redet, der redet über Dollars. Wenn man den Landbesitz aufteilt, geht der Flächenertrag in die Höhe, solange die einzelnen Grundstücke nicht kleiner als tausend Quadratmeter sind. Wir hören oft, es sei unökonomisch, große Farmen in Grundstücke von zwei Hektar aufzuteilen. Richtig, Zwei-Hektar-Grundstücke sind unökonomisch – aber Grundstücke mit tausend bis fünftausend Quadratmetern sind es nicht, sie sind sehr produktiv.

Also Gärtner – wie viele Gärtner gibt es in den USA? Zurzeit haben rund dreiundfünfzig Prozent aller Haushalte einen Garten auf einer Fläche von durchschnittlich fünfzig Quadratmetern. Der Ertrag ist ungefähr fünfzehn Dollar pro Quadratmeter wert. Diese Hausgärten produzieren achtzehn Prozent aller Nahrungsmittel in den USA – der Marktwert ihrer Erzeugnisse ist fast ebenso hoch wie der der professionellen Farmer.

Wie sieht es in Russland aus? Die Bauern können zweitausend bis viertausend Quadratmeter privat bearbeiten und produzieren auf dieser Fläche vierundachtzig Prozent der Nahrungsmittel. Der kümmerliche Rest wird von den Staatsbetrieben erzeugt, die die besten Böden haben. Darauf können sie aber nicht einmal die restlichen sechzehn Prozent Nahrungsmittel produzieren, die im Lande benötigt werden – sie haben ein Defizit von sechs Prozent, das sie durch Importe aus den USA und Kanada decken müssen.

Die großflächige Landwirtschaft, die so eifrig propagiert wird, ist nicht die Landwirtschaft, die uns mit Essen versorgt.

Die grundlegenden Nahrungsmittel der Menschheit stammen nur noch von etwa zwanzig Pflanzen. Wahrscheinlich kommt jetzt die Sojabohnen-Zeit. Aus Sojabohnen kann man fast alles machen.

Ich glaube nicht, dass es in der Welt noch viele Saatguthändler gibt, die nicht von einem der höchstens zehn großen Konzerne aufgekauft worden sind. Von Australien weiß ich, dass es so ist. Saatgut wird jetzt im Auftrag multinationaler Firmen erzeugt und vertrieben. Könnt Ihr in den USA Mais kaufen, der keine Hybridzüchtung ist? Hie und da vielleicht noch – in Australien gibt es nur noch Hybridmais zu kaufen. Aber wir haben auch noch eine selbstständige Saatgutfirma – sie heißt *Self-Reliance Seed Company* und wird von einer australischen Gruppe in Stanley, Tasmanien, betrieben.

Die großen Saatgut-Konzerne haben geplant, auf Gesetze hinzuwirken, mit denen Saatgut hätte patentiert werden können. Da sind aber viele Leute misstrauisch geworden. Die Patentierung biologischer Materialien kam ihnen ganz schön verdächtig vor. Der Weltrat der Kirchen hat sich dann mit der Sache befasst und das Buch *Seeds of the Earth* herausgebracht und die Katze war aus dem Sack. Es gab einen allgemeinen Aufstand gegen den Versuch der Konzerne, grundlegende Ressourcen (Saatgut) in ihren Besitz zu bringen. Der Aufstand ist aber vielleicht zu spät gekommen, um die genetischen Ressourcen von Europa zu retten – dort sind einige Samen jetzt illegal, und über achtzig Prozent des genetischen Materials sind möglicherweise schon verloren.

Aber eines haben wir daraus vielleicht gelernt, nämlich, dass wir dem System nicht entkommen können. Auch wenn Ihr Euch auf einem Hektar Land in den Wäldern Neu-Englands verschanzt, habt Ihr Euch noch nicht vom System gelöst, es sei denn, Ihr erzeugt Euer Saatgut selbst – das ist aber nicht so einfach und den meisten Leuten fehlt das nötige Wissen dazu. In einem Tal in Tasmanien lebt eine Gruppe von Hippies, von denen rund fünfzig einen Doktor-Titel haben. Die meisten von ihnen sitzen zu Hause herum und stricken oder weben oder sie streifen umher und sammeln Brombeeren – sie wehren sich nicht gegen die Leute, die mit ihrer Rücksichtslosigkeit immer weitermachen. Um die Kräfte des Lebens zu formieren, müssen wir all unsere Begabungen nutzen, nicht nur einige wenige.

Im Permakultur-Garten müssen wir uns mit der Frage befassen, wie die einzelnen Elemente angeordnet werden sollen. Einige dieser Elemente beeinflussen den Energie-Umsatz anderer Elemente oder wirken düngend auf sie, andere sind defensive Elemente, die benachbarte Pflanzen auf verschiedenste Weise schützen: Manche wirken als Rankgerüst für andere Pflanzen oder beschatten sie. Die Pflanzen beeinflussen einander also und es gibt eine Reihe von Regeln dafür, warum bestimmte Elemente zusammengehören. Einige dieser Regeln kennen wir – viele sind ganz offensichtlich.

Wir müssen Vielfalt in das System bringen, und zwar nicht so sehr, was die Anzahl der verschiedenen Elemente anbelangt, sondern, was die Anzahl der **Beziehungen** zwischen den Elementen anbelangt. Vielfalt bezeichnet nicht die Anzahl der Dinge, sondern die Anzahl der Möglichkeiten, wie Dinge funktionieren können. In diese Richtung denkt die Permakultur. Ich habe einmal untersucht, wie viele Beziehungen sich ergeben, wenn man zwei Elemente nebeneinandersetzt – ich glaube, ich habe 129 verschiedene Arten gefunden, wie sie einander positiv beeinflussen. Wir befassen uns also hier nicht etwa mit der extrem komplizierten Situation, die sich ergeben würde, wenn man an einem Ort über dreitausend Spezies versammeln würde.

Es wäre schön, wenn man dreitausend Beziehungen zwischen dreißig Elementen oder Spezies herstellen könnte und jeweils wüsste, ob diese Beziehungen hilfreich oder schädlich sind. Es ist klar, dass ein System vielfältig sein kann, ohne dass die Beziehungen zwischen den Elementen hilfreich sind. Es lassen sich Hunderte von Beispielen finden, besonders in sozialen Gruppen, in denen die Vielfalt der Interessen zu schädlichen Einflüssen führt. Vielfalt allein garantiert weder Stabilität noch sonst einen Vorteil.

Was wir also einrichten, ist eine Lebensgemeinschaft von Spezies, die harmonisch zusammenwirken. Es gibt Regeln darüber, wo man die Elemente ansiedelt, es gibt Regeln, die mit Orientierung, mit Zonierung und mit gegenseitiger Beeinflussung zu tun haben. Es gibt eine ganze Menge von Prinzipien, die bestimmen, warum wir Dinge zusammentun und warum sie funktionieren.

Es gibt eine offizielle Definition, nach der eine landwirtschaftliche Fläche ein Stück Land ist, das gepflügt werden kann. Meiner Meinung nach gibt es aber keine Landschaft, die nicht landwirtschaftlich genutzt werden könnte. Alle Landschaften sind auf verschiedenen Ebenen produktiv und wir können alle Ebenen nutzen. Wenn wir uns mit Landwirtschaft befassen, sind also zwei Strategien zu verfolgen: Zum einen müssen wir herausfinden, wie wir die üblichen landwirtschaftlichen Arbeiten auf ein Minimum reduzieren können und welchen Umfang dieses Minimum dann noch hat, zum anderen müssen wir klären, in welchem Umfang wir landwirtschaftliche Produkte auf »nicht-landwirtschaftlichen« Flächen erzeugen können. Wir können Möglichkeiten durchspielen. Ich bin total erstaunt darüber, wie wenig die amerikanischen Wälder für gute produktive Zwecke genutzt werden.

Was für Prinzipien sind es eigentlich, die Vorgänge in Systemen regeln? Lasst sie uns einmal zusammenfassen. Ein feststehendes Prinzip oder etwas, das offensichtlich wahr ist, wird Axiom genannt. Ein Prinzip ist eine grundlegende Wahrheit, eine Verhaltensregel, die einem zeigt, wie man vorgehen kann. Ein Gesetz ist eine Feststellung von Tatsachen vor einem Hintergrund von Hypothesen, von denen sich gezeigt hat, dass sie richtig oder zumindest haltbar sind. Thesen und Hypothesen sind Ideen, die einer Diskussion ausgesetzt werden, um herauszufinden, ob sie in Wahrheit begründet sind. Es sind aber auch Regeln und Gesetze festgesetzt worden, die gar keine Regeln oder Gesetze sind. Bei ihnen wird wenig darauf geachtet, wie man zu ihnen gelangt. Nun habe ich eine Reihe von Direktiven entwickelt, die sagen: »Dies ist eine gute Art des Vorgehens.« Dabei handelt es sich weder um Gesetze noch um Regeln, sondern einfach nur um Prinzipien.

Wir befassen uns mit der Erde, die einen relativ konstanten Energie-Input aus dem Universum hat. Die Energie strömt uns aus ihrer Quelle zu, ununterbrochen und gleichförmig, und wird erst unbrauchbar, wenn sie verschwindet – zwischen der Quelle und ihrem Verschwinden können wir eingreifen. Je mehr nützliche Speicher wir zwischen Quelle und Abfluss einrichten, in die wir Energie leiten können, desto bessere Planer sind wir. Unsere Aufgabe besteht also darin, einen Satz von effizienten Speichern einzurichten, die für Menschen nützlich sind. Einige dieser Speicher können positive Wirkungen auf andere Speicher haben. Der Grad an Komplexität, den wir in diesen Energiefluss bringen können, wie viel der Energie wir in nützliche Speicher leiten können, wo diese aufbewahrt wird, bis wir sie nutzen und damit abwerten – das bestimmt, wie gut wir als Designer sind. Viele Energieformen, die nicht mechanisch nutzbar sind, sind biologisch nutzbar. Wir haben also nicht nur mechanische Speicher zur Verfügung, sondern auch eine ganze Menge biologischer Speicher.

Energie kann aus einer Form in die andere übertragen werden, aber sie lässt sich weder vernichten noch erschaffen. Wir haben die Möglichkeit, den Energiefluss zu gestalten, und können bestimmen, welche Energieform wir in welchen Mengen durch das System fließen lassen. Wir können bestimmen, ob wir die Energie speichern oder ob wir sie in der Senke verschwinden lassen.

Diese Wahl haben wir zum Beispiel mit Wasser, mit Regen. Wir können ihn speichern oder abfließen lassen – ist das Wasser erst einmal abgeflossen, dann ist es nicht mehr zugänglich für uns. Wir könnten es vielleicht wiedergewinnen, aber das würde eine Menge

Arbeit bedeuten. Wenn Ingenieure als Landschaftsgestalter tätig werden, dann gehen sie hinunter ins Tal – jeder kann schließlich sehen, dass es da unten Wasser gibt. Sie bauen also einen Damm, das Wasser sammelt sich dahinter und es entsteht ein großer See unten im Tal, wo das Wasser am wenigsten Nutzen bringt. Von den Hügeln ist es gekommen und wenn sie es da oben gespeichert hätten, dann hätten sie es durch alle möglichen Anlagen laufen lassen können, ehe es ins Tal gekommen wäre. Wir können ein umso komplexeres System einrichten, je näher an der Quelle wir eingreifen. Wir gehen also so nahe wie möglich an die Quelle heran und greifen dort in den Energiefluss ein. Es ist nicht so wichtig, wie viel Regen wir haben, sondern auf wie viele Weisen wir Nutzen aus unserem Wasser ziehen können.

Die Energie im System kann niemals hundertprozentig effizient sein. Wann immer wir sie nutzen, verliert sie etwas von ihrer Qualität, ganz gleich, wie gut wir unser System entwerfen. Viel hängt vom Funktionieren des globalen biologisch-chemischen Kreislaufes ab – den essenziellen Elementen – besonders Kohlenstoff, Stickstoff, Sauerstoff, Schwefel und Phosphor. Wir müssen den Kreislauf dieser Elemente im Auge behalten und manche Kreisläufe machen uns Sorgen.

Eine Population einer Spezies stirbt am ehesten aus, wenn ihre Dichte sehr hoch oder sehr niedrig ist. Es lässt sich leicht einsehen, dass eine große Dichte gefährlich ist: Für die Spezies wichtige Ressourcen erschöpfen sich und Epidemien können sich rasch ausbreiten. Schwieriger zu verstehen ist, warum geringe Bevölkerungsdichten gefährlich sind. Der Zahlenfaktor wird von den meisten Kommunen und Gemeinschaften ignoriert.

Ich glaube, man weiß von keiner menschlichen Gesellschaft, deren Weiterbestehen von ihrer eigenen genetischen Gesundheit abhängig ist, die mit weniger als dreihundert Mitgliedern existieren konnte, und dann auch nur mit rigorosen genetischen Kontrollen. In manchen Gegenden verläuft die menschliche Fortpflanzung so, als habe man das Aussterben schon eingeplant. In Populationen großer Dichte gibt es auch oft eine enorme Vielfalt genetischer Desaster und Mutationen.

Es ist möglich, kleine Veränderungen in einem System vorzunehmen, in deren Folge es sich ergibt, dass die einzelnen Elemente des Systems eine größere Überlebenschance haben oder dass der Ertrag des Systems wächst. Irgendjemand hat einmal gesagt: »Unsere Fähigkeiten, die Erde zu verändern, wachsen schneller, als unsere Fähigkeiten, die Folgen dieser Veränderungen vorherzusehen.« Da ist etwas dran und das ist ziemlich erschreckend.

Es gibt eine Lebensethik, die besagt, dass lebende Organismen und Systeme nicht nur als nützlich für Menschen zu betrachten sind, sondern dass sie ihre eigene Berechtigung und ihren Sinn in sich selbst haben. Außer ihrem Wert für uns haben sie noch einen eigenen Wert, den wir ihnen oft nicht zugestehen. Dass ein Baum eine Daseinsberechtigung hat, auch wenn er für Menschen nutzlos ist, ist für uns ein ziemlich fremdartiger Gedanke – wichtig ist, dass der Baum lebendig ist und funktioniert.

Man kann Ressourcen in ein System hineinfüttern, damit Produktivität und Ertrag steigen oder damit die Anzahl nützlicher Speicher wächst. Aber wenn man zu weit damit geht, dann bricht das System zusammen. Ein System kann nämlich nur so viel Energie aufnehmen, wie es produktiv nutzen kann. Du kannst ein System überdüngen, überhitzen oder durch zu viel Pflügen kaputt machen. Ob wir nun über Geld oder über Mist sprechen – immer ist es möglich, zu viel des Guten zu tun. Zuerst passiert es, dass man für erhöhten Input immer weniger Ertragszuwachs erhält und stattdessen immer mehr Unordnung – wenn man dann klug ist, hört man mit dem Input auf, und die Prozesse spielen sich auf einer Ebene ein. Man muss sich etwas Neues ausdenken, um den Ertrag weiter zu steigern. Es ist unmöglich, den Ertrag durch größeren Input derselben Ressource immer weiter zu steigern.

Ein Freund von mir war in Hongkong und hat eine Art Energie-Budget für die Stadt aufgestellt, wobei er sich sehr intensiv mit der Landwirtschaft dort beschäftigt hat. Er hat mir erzählt, dass die chinesische Landwirtschaft (das Unkraut wurde mit der Hand ausgezupft) mit natürlichen Düngemitteln etwa dreimal so viel Energie produzierte, wie sie verbrauchte. Dann hat man dort modernisiert, kleine Traktoren und Kunstdünger eingeführt und die Unkräuter mit Flammen bekämpft. Ich glaube, er hat gesagt, dass sie ihren Energieeinsatz um achthundert Prozent steigerten und dafür einen Ertragszuwachs von nur fünfzehn Prozent bekamen. Und als sie dann noch mehr Energie einsetzten, begann der Ertrag zu sinken. Jetzt machen sie es dort genauso wie wir – von all der Energie, die sie in ihre Landwirtschaft stecken, bekommen sie nur vier bis sechs Prozent wieder heraus. Die Landwirtschaft hat sich dort also von einem Energie produzierenden in ein Energie konsumierendes System verwandelt. Genau wie das Meer anfängt, Sauerstoff zu konsumieren statt zu produzieren – und das nur, weil wir zu viele Nährstoffe hineingeben.

Es gibt auch Ressourcen, die ganz anders sind – sie werden durch Gebrauch nicht beeinträchtigt. Du kannst den ganzen Tag einen schönen Anblick genießen, und das macht diesem gar nichts aus.

Es gibt noch eine andere Kategorie von Dingen, die besser werden, wenn sie benutzt werden. Je mehr Gebrauch man von ihnen macht, desto mehr hat man davon. Manche Schösslinge, die als Viehfutter benutzt werden, fallen in diese Kategorie. Es gibt Kombinationen von Tieren und Pflanzen, die beide zunehmen, wenn sie zusammen sind, und bei anderen Kategorien von Ressourcen kommt das auch vor. Manche schnelllebigen Ressourcen nehmen ab, wenn sie ungenutzt bleiben. Einjährige Gräser sind ein gutes Beispiel dafür – werden sie nicht geerntet, nimmt der Anteil einjähriger Gräser im System ab. Das Gleiche passiert mit Feuerholz in Gegenden mit Waldbrandgefahr – wenn es sich ansammelt, wird es zu potenzieller Waldbrand-Nahrung und kann jederzeit mit einem Schlag vernichtet werden.

Die meisten Ressourcen sind aber so geartet, dass **Management** zu ihrer Erhaltung nötig ist. Das sind die, die bei Gebrauch abnehmen – wir nennen sie endliche Ressourcen.

Eine weitere Kategorie von Ressourcen hat die Eigenschaft, dass durch ihren Gebrauch alles andere an Wert verliert. Uran und Plutonium sind gute Beispiele dafür. Der Gebrauch von Plutonium verdirbt andere Ressourcen, ganz abgesehen davon, dass einige unserer Umgehensweisen mit Plutonium für sich genommen schon ganz scheußlich sind. Auch Dinge wie Dioxin vermindern die allgemeinen Ressourcen, wenn wir sie selber als Ressource einsetzen.

Es gibt eine Art Hierarchie unter den Ressourcen, die dadurch bestimmt wird, ob die Ressourcen nützlich oder schädlich sind und wie sie gemanagt werden müssen. Das meiste von dem, was uns froh macht, ist entweder in Massen vorhanden oder leicht zu managen. Einige Dinge gibt es, von denen wir glauben, dass wir sie brauchen, die uns aber unglücklich machen.

Ich glaube, auch Vielfalt kann umweltzerstörerisch sein. Wenn wir eine Menge Dinge zusammentun, können wir dahin kommen, dass das System unter der Vielfalt zu leiden beginnt. Es gibt ein Prinzip, das ich interessant finde – das Prinzip von Chaos und Unordnung.

Benzin ist eine Ressource, die in der westlichen Welt Unordnung erzeugt hat. Ich weiß nicht, wann jemand das letzte Mal einen Liter Benzin produktiv genutzt hat. Es wird fast ausschließlich in unproduktiver Weise verwendet. Ich habe mal einen Liter verwendet, um ein Nest einer Ameisenart zu vernichten, gegen die ich allergisch bin – für mich war das produktiv. Aber ich weiß von keinem Fall, wo in einer Traktorwirtschaft eine Maschine mehr Energie produziert, als sie verbraucht. Das Öl muss aus dem Boden geholt, verarbeitet und verfrachtet werden. Auch das Flugzeug, mit dem ich hierher gekommen bin, wurde mit Benzin angetrieben, das ist richtig. Aber ich bin nur hierher gekommen, damit Ihr nicht alle nach Australien kommen musstet. Es ist auch richtig, dass Benzin zu einigen Zwecken sinnvoll verwendet werden kann, besonders, um Dinge wiederherzustellen, die wir kaputt gemacht haben. Aber im Allgemeinen führt der Gebrauch von Benzin zu einer fürchterlichen Unordnung. Das geht bis in die Sozialstruktur hinein.

Chaos ist genau das Gegenteil von Harmonie. Es ist voller Widerstreit, Konkurrenz und Individualismus. Wenn alles im Chaos versinkt, aber einige zusammen dieselbe Richtung einschlagen, müssen sie gewinnen, weil alles andere in die Brüche geht. Vielleicht schaffen wir es, vielleicht ergreifen wir eine historische Gelegenheit.

Wenn wir Systeme entwerfen, müssen wir im Auge behalten, wie diese Systeme in der Praxis arbeiten werden. Zwei Dinge müssen wir tun, nämlich ausschließlich Energien empfehlen, die produktiv, die nicht schädlich sind, und die Funktionsweise des Systems so einrichten, dass sie so harmonisch wie möglich ist.

Wir sollten Ordnung nicht mit Akkuratesse verwechseln – die ist Sache von Leuten mit einem Dachschaden. Da muss alles schön in Reih und Glied sein. Für Kreativität braucht man ein ziemlich gut integriertes Gehirn und da herrscht meist ein ganz schönes Durcheinander. Dass wir dieses Durcheinander ertragen, ist eines der wenigen guten Zeichen in unserem Leben. Kann man es ertragen, dann ist man wahrscheinlich gesund. Kreativität ist selten akkurat. Akkurat ist der typische Amerikaner, der seinen Garten in schnurgeraden Reihen anlegt. Die Gärten der Engländer sind außerordentlich akkurat, aber funktionell herrscht totale Unordnung. Sie lassen sich leicht vermessen, bringen aber einen geringen Ertrag. Was wir wollen, ist kreative Unordnung. Ich wiederhole, dass nicht die Anzahl der Elemente in einem System wichtig ist, sondern die funktionelle Organisation dieser Elemente, der Grad des positiven Zusammenwirkens.

Beim Entwurf eines Systems ist Vielfalt als eine Ressource zu betrachten, die zu kontrollieren ist. Der **Ertrag** des Systems wird bestimmt durch den gesamten Umfang nutzbarer Energien, die im System erzeugt und gespeichert werden. Wir müssen unser Augenmerk weniger auf den Ertrag einzelner Produkte richten – also nicht, wie die Leute es gewöhnlich tun, zählen, wie viel Pfund Tomaten, Fisch oder Eicheln wir ernten –, sondern die Gesamtmenge der Energie betrachten, die sich in nutzbaren Speichern befindet. Dieser Ertrag ist eine Funktion des Designs und er ist praktisch unbegrenzt – das heißt, ich habe noch kein System gesehen, dessen Ertrag sich durch ein besseres Design nicht hätte steigern lassen.

Da unser Design davon abhängt, in welchem Maße wir das System verstehen, ist auch der Ertrag eine Funktion unseres Maßes an Verständnis. Der menschliche Intellekt entscheidet all diese Dinge, nicht irgendwelche äußeren Faktoren. Dabei weiß ich nicht genau, was Intellekt eigentlich ist – ich habe ihn als unsere Fähigkeit zum Verständnis bezeichnet, das ist sicher nicht intellektuell, sondern eher einfühlend.

Zwischen Quelle und Verschwinden wächst die Vielfalt – Energiespeicher und funktionelle Komplexität können zunehmen. Unsere Aufgabe ist es, aus einigen der Pausen in diesem Fluss nützliche

Ressourcen zu machen. Die Anzahl der Nischen im System bestimmt, wie viele Spezies dort miteinander leben können.

Die Anzahl der Nischen in einem System hängt natürlich wieder von seinem Design ab. Da können wir aktiv werden. Wollen wir viele Spezies in einem System haben, können wir viel erreichen, wenn wir erkennen, wo wir mehr Raum schaffen können – das geht oft schon durch kleine Eingriffe. Die Anzahl der Tauben, die auf einer Klippe brüten können, hängt von der Anzahl der Simse ab. Neue Simse lassen sich schnell einrichten. Oft ist es etwas ganz anderes als der Nahrungsfaktor, was den Ertrag begrenzt – Populationen erschöpfen die verfügbare Nahrung nur selten. Meist hat der begrenzende Faktor gar nichts damit zu tun. Es gibt hier Tonnen von Nahrung, die niemand nutzt.

Was wir tun müssen, ist, zu verstehen, wie die Dinge funktionieren, wie unterschiedlich Dinge funktionieren.

In Stammeskulturen ist es die Regel, nur Dinge zu tun, die notwendig sind – ein Verhalten, das einem nicht durch die Umstände nahegelegt wird, gilt als destruktiv. Alles andere ergibt sich daraus. Niemand tut etwas, was nicht getan werden muss. Wir aber begehen alle möglichen überflüssigen Handlungen und daraus entstehen unsere ganzen Schwierigkeiten.

Um 1952 herum hatte ich ein Haus im Busch und ich nahm mir vor, niemals einen Baum zu fällen, wenn ich es nicht musste. Es wurde kein einziges Mal notwendig. Wir können aber auch im Busch leben und Bäume fällen. Leider ist es schwierig, darauf zu verzichten, wenn man Geld hat. Man läuft dauernd herum und tut irgendetwas, nur um das Geld loszuwerden. Für Benzin zum Beispiel.

Mir scheint, dass die Mythen der Stammeskulturen ein Weg waren, die Menschen zu lehren, ihre Umwelt zu pflegen. Das Spiel, in das wir da verwickelt sind, ist, glaube ich, komplizierter als wir bisher gedacht haben.

Wenn Du Fische in einen Teich voller Algen setzt und die Fische einige Algensorten besonders gern mögen, dann fressen sie diese restlos auf. Sie vermindern ihre Überlebenschancen. Die anderen Algensorten, die die Fische nicht fressen können, vermehren sich und die Fische verhungern. Fisch frisst Algen – Algen töten Fisch.

Wir lassen Vieh in eine Landschaft und die Landschaft verändert sich. Das Vieh frisst bevorzugt seine Lieblingspflanzen, vermindert dadurch deren Überlebenschancen und es entwickelt sich ein System von Pflanzen, die dem Vieh nicht bekommen – die Landschaft ist nicht mehr brauchbar für Vieh. Pflanzen, die für das Vieh giftig sind, vermehren sich besonders stark. Das beobachten wir immer wieder: die Landschaft antwortet.

Die Landschaft antwortet, wenn wir sie schädigen. Ich weiß nicht, wie sie auf die Maschinen antwortet, die Kohle im Tagebau fördern, aber diese Antwort erfolgt wohl langfristig – vielleicht mit saurem Regen. Wenn man den Dingen einen Stoß versetzt, dann stoßen sie zurück. Wir kennen alle die mechanische Physik, die behauptet, dass jede Aktion eine gleich große und entgegengesetzte Reaktion hervorruft. Aber die Chinesen sagen: »Nein, das stimmt nicht!« Wenn man ein lebendes System tritt, dann tritt es härter zurück. Seine Reaktion ist oft so hart, dass es uns unfair vorkommt. Man schubst jemanden zur Tür hinaus und derjenige kommt mir einer Mistgabel zurück – er kommt nicht nur wieder herein, sondern er will einen auch aufspießen.

Nun gibt es verschiedene Arten von Handlungen. Es gibt notwendige Handlungen und schädliche – aber es gibt auch nützliche Handlungen. Und damit gelangen wir zu einer weiteren Hypothese: Ihr werdet wahrscheinlich mehr Gutes zurückbekommen, als Ihr geplant hattet.

Wenn wir bewusst ein System entwerfen, dann kommt es immer wieder vor, dass wir drei Elemente schön harmonisch zusammenfügen und dass sich dann weitere gute Effekte ergeben, die wir nicht eingeplant hatten. Das passiert praktisch jedes Mal.

In der Schule lernt man das nicht, dass eine Sache weiterwirkt und eine Menge Folgen nach sich zieht, wenn wir sie gut gemacht haben, es ist aber so. Irgendetwas passiert, aber es ist äußerst schwer zu verstehen, weil es so komplex ist. Man macht irgendetwas und plant, einen bestimmten Nutzen damit zu erzielen – und wenn man die Sache dann in Ruhe lässt und beobachtet, dann entdeckt man, dass sie weiterwirkt und vielleicht ein Dutzend andere nützliche Folgen hat, die man nicht eingeplant hatte. Man hat die Sache aus einem einzigen Grund getan, wenn man sie dann aber genauer untersucht, dann stellt man fest, dass es noch einen Haufen anderer Gründe gibt, genau das zu tun. Dafür kennen wir wohl alle Beispiele.

Als jemand zum ersten Mal sein Gewächshaus an die Südseite des Hauses angebaut hat, anstatt es da draußen in die Sonne zu stellen, hat er vielleicht nur einen einzigen Grund dafür gehabt – vielleicht wollte er das Haus heizen oder die Arbeit im Gewächshaus erleichtern. Dann haben sich aber eine ganze Menge nützlicher Folgen ergeben.

Wir wissen nicht genau, was sie da eigentlich machen, aber die australischen Ureinwohner wandern in der Gegend umher und veranstalten kleine Zeremonien. Was sie genau tun, halten sie ziemlich geheim, aber wir wissen, dass sie kleine Veränderungen in der Landschaft vornehmen. Sie veranstalten eine Zeremonie, damit die Quellen an einem bestimmten Berg nicht versiegen. Dafür lachen wir sie aus – wir wissen, dass die Quellen weitersprudeln werden, ob nun eine Zeremonie abgehalten wird oder nicht. Wenn wir ihnen aber ihre Religion austreiben, versiegen diese Quellen. Niemand würde versuchen, einem Idioten komplexe Zusammenhänge zu erklären – und die Ureinwohner erklären uns nicht viel von dem, was sie wissen. Wahrscheinlich denken sie sich, dass wir die Informationen missbrauchen könnten. Ich weiß es nicht.

Damit haben wir eine ganze Denkweise angesprochen, die sich als sehr produktiv erweisen kann, denn sie beinhaltet zahllose Anwendungsmöglichkeiten. Wenn wir wollen, können wir sie zum Prinzip erheben – »Alles hat Auswirkungen in alle Richtungen« können wir zum Beispiel sagen. Wenn Du etwas gut machst, wird dies von sich aus weiter Gutes bewirken. Man kann daraus Prinzipien ableiten und diese beweisen, sie sind wie Hypothesen überprüfbar.

Man kann darüber streiten, ob man mit solchen Erkenntnissen beginnen und sie dann in die Wirklichkeit übertragen soll oder ob man – wie ich es tue – da draußen zu arbeiten anfängt und daraus seine Erkenntnisse gewinnt. Wir können das wirkliche Geschehen betrachten, uns dann unter einen Baum setzen und darüber nachdenken oder wir können in Gottes Tempel gehen, zu verstehen versuchen und dann zu Gärtnern anfangen. Es gibt Diskussionen darüber, was besser ist: von der Philosophie in den Garten oder vom Garten zur Philosophie. Mir scheint, beide Wege werden begangen – die meisten von uns kommen aus dem Garten und sind auf dem Weg zum Tempel. Einige waren schon da und kommen jetzt herunter in den Garten.

In der Schule wird uns viel über statische Phänomene beigebracht, aber wir lernen nichts über interaktive Prozesse und kaum etwas über die Schwingungen zwischen den Dingen. Die Welt, in der wir leben, ist aber in ständigem Fluss. Die Dinge verändern sich stetig in irgendeine Richtung. Ein statisches Bild eines natürlichen Phänomens ist niemals realistisch. Dennoch lernen wir fest stehende Wahrheiten über die Dinge. Damit bekommen wir ein Brett vor dem Kopf anerzogen. Das liegt daran, dass unsere Kultur naturwissenschaftlich geprägt ist – wir versuchen alles zu messen. Aber man kann sich den Dingen auf ganz verschiedene Weise nähern. Ich kann beispielsweise nicht mit Symbolen umgehen, manche Leute haben Schwierigkeiten mit Zahlen, andere mit Dimensionen. Deshalb ist es nützlich, sich in kleinen Gruppen zusammenzuschließen – dann kann dieselbe Sache unter verschiedenen Blickwinkeln beleuchtet werden und wir können mehr von den Schatten begreifen, die die Wirklichkeit wirft. Diese Dynamik fehlt in unserer Erziehung.

Eine Sache ist besonders wichtig – wenn wir die in den Griff bekommen könnten, dann würden wir eine Menge mehr verstehen und könnten die Ereignisse besser steuern. Unser Job ist es, die Dinge an den rechten Ort zu stellen und sie dann laufen zu lassen. Um den rechten Ort zu erkennen, müssen wir aber viel über die Dinge wissen. Was auch immer wir an den richtigen Platz stellen wollen, sei es ein Gebäude, ein Baum, ein Tier, eine Straße, eine Person oder irgendeine Struktur, wir müssen wissen, wie diese Dinge jeweils im Inneren funktionieren, wie sie sich natürlicherweise verhalten und was sie aufgrund ihres Wesens notwendigerweise tun werden. Einige Tiere und Pflanzen sind darauf angewiesen, sich in Massen zu vermehren, und sie tun das auf verschiedene Weise. Dann gibt es Dinge, die wir als Ertrag betrachten können und die wir vielleicht besonders interessant finden. Darüber müssen wir Bescheid wissen. Erträge können unterschiedlich anfallen. Das eine können wir direkte Erträge nennen – Hühner legen Eier. Dann sind da noch sekundäre

Erträge oder Erträge, die erst durch Weiterverarbeitung entstehen – zum Beispiel erzeugt Hühnermist Methan.

Es zahlt sich auch aus, zu wissen, wie Hühner funktionieren. Neben ihren angeborenen Verhaltensweisen haben sie bestimmte Eigenschaften – sie können Licht reflektieren oder absorbieren. Sie haben eine Farbe, ein Verhalten, einen ganzen Satz von Regeln, wie sie sich unterhalten, wie sie auf Reize reagieren. Man kann dabei zwischen kurzfristigen und langfristigen Eigenschaften unterscheiden. Meist befassen wir uns nur mit den kurzfristigen Eigenschaften, die aber ganz andere sind als die langfristigen. Unsere Wissenschaft, ganz besonders die Psychologie, leidet sehr darunter, dass sie das langfristige Verhalten ignoriert.

Wenn wir genügend Informationen hätten, könnten wir viele dieser Dinge für jedes potenzielle Element unseres Systems auflisten. Das würde uns beim Design ganz enorm helfen. Diese Informationen, die wir brauchen, sind aber nirgends festgehalten. Fast alles andere kann man über einen Baum erfahren, das aber eben nicht. Pech. Über die Eigenschaften von Bäumen ist wenig bekannt. Beim Ertrag sieht es noch düsterer aus. Ich wollte einmal herausfinden, wie die Menschen Walnussbäume nutzen. Dabei habe ich ein Volk gefunden, dessen ganze Kultur auf Walnussbäumen basiert (bei anderen Völkern ist es Bambus). Ebenso gut ist es möglich, nur die Nüsse zu ernten. Es liegt an jedem selbst, zu definieren, was Ertrag ist.

Wenn man über etwas Bescheid weiß, dann kann man es so einsetzen, dass es funktioniert, dass es sein inneres Leben ausleben kann. Dann wird es gute Erträge bringen. Man kann die sekundären Erträge nutzen und es wird sich freundlich verhalten, weil es nämlich in der Nähe anderer Dinge eingesetzt ist, die ihm nützlich sind und es stärken.

Zwischen der Art, wie wir Permakultur-Design machen und wie ein normaler Landwirt sein System entwirft, besteht ein enormer Unterschied. Was wir versuchen, ist, die Dinge alle in ihrer natürlichen Weise funktionieren zu lassen.

Eine Permakultur entwerfen

Zur Übersetzung des folgenden Kapitels

Damit das Konzept der Permakultur Breitenwirkung zeigt, müssen möglichst viele Menschen von der Permakultur erfahren, sie praktisch umsetzen und ihr Wissen und ihre Erfahrungen weitergeben. Auf lange Sicht könnte sich dann ein neuer Beruf herausbilden, der Beruf des Permakultur-Planers, der für private und öffentliche Klienten Permakulturentwürfe erarbeitet. Das könnten zum Beispiel Menschen sein, die heute als Landschaftspfleger, Architekten, Betriebswirte, Gärtner, aber auch in anderen Berufen arbeiten.

Bill Mollison geht es im Folgenden um die Ausbildung solcher Planer, er beschäftigt sich mit dem Berufsethos, den Aufgaben und der konkreten Arbeit professioneller Permakulturplaner. Dabei bezieht er sich auf amerikanische und australische Verhältnisse. Da diese anders sind als bei uns im dicht besiedelten Mitteleuropa (allein die Grundstücksgrößen und -preise bewegen sich in ganz anderen Dimensionen ...), ist das, was er schreibt also sicherlich nicht ohne Weiteres auf europäische Gegebenheiten übertragbar. Da es aber hier um wichtige **Prinzipien** der Planungsarbeit geht und wir viel darüber erfahren, wie eine effektive und sinnvolle Permakulturplanung angegangen werden muss, haben wir den Text weitestgehend ungekürzt übersetzt. Auch hier gilt, was wohl für die Permakultur allgemein wichtig ist: Es geht um das Verständnis von Zusammenhängen und Prinzipien, nicht um das bloße Nachahmen von Strickmustern.

Ethische Grundsätze

- Wir sind eine Gruppe von Designern, die sich nicht gegenseitig Konkurrenz machen, sondern die kooperieren.
- Wir kopieren unsere Entwürfe nicht voneinander. Wenn möglich, erstellen und verwenden wir unsere individuellen Entwürfe.
- Unseren Klienten gegenüber entwickeln wir ein freundschaftliches Interesse und sind ihnen gegenüber verantwortlich.
- Die Ziele, auf die wir hinarbeiten, sind die Wiederaufforstung der Erde und die Gesundung der Böden.
- Wir tragen Sorge für die Umwelt und für das Leben von Tieren. Bei unserer Arbeit als Designer ergreifen wir stets Partei für *Gaia,* unsere Oberklientin. So nannten die alten Griechen die Göttin Mutter Erde. Die Erde wurde damals als lebender und denkender Organismus betrachtet.
- Wir nutzen die am besten geeigneten Energiepfade und angemessene Energieformen.
- Wir recyceln auf höchstmöglicher Ebene. Alles kann eine Ressource sein. Man muss sie nur zu nutzen wissen. Versucht, mit einem möglichst kleinen Eingriff eine möglichst große Wirkung zu erzielen.
- In unserer Gruppe in Tasmanien haben wir schließlich noch den Grundsatz, auf alles zu verzichten, was wir nicht brauchen.

Die Aufgabe professioneller Designer

Als Designer müsst Ihr wissen, wo und warum Dinge zu platzieren sind. Es ist nicht Eure Aufgabe, den Leuten zu sagen, wie sie gärtnern sollen, wie sie ein Haus oder einen Damm bauen sollen, obwohl Ihr auch das wissen müsst. Es geht darum, Dinge so zu platzieren, dass sie mehrere Funktionen erfüllen können, sodass ein System entsteht, das nur wenig Energie braucht, dabei aber sehr stabil ist und hohe Erträge bringt. Gleichzeitig müsst Ihr schöpferische Beobachter sein. Ihr müsst die Natur beobachten und erkennen können, wie Potenziale genutzt werden können, um etwas Nützliches zu schaffen.

Geschäftspraktiken

Durchführung von Design-Kursen

Wir hoffen, dass sich innerhalb der nächsten paar Jahre aus dem Kreise der Teilnehmer an diesen Design-Kursen Teams bilden werden, die dann ihrerseits neue Designer ausbilden und Workshops durchführen werden.

Wir bieten für jeden unserer Kurse Stipendien an, und zwar unter folgenden Bedingungen: Wenn jemand als Designer arbeiten will, ohne sich dafür bezahlen zu lassen, braucht er für den Kurs auch nichts zu bezahlen. Er muss nur den Leuten, die Unterkunft und Verpflegung zur Verfügung stellen, ihre Kosten ersetzen. In jeden Kurs nehmen wir ein oder zwei solcher Leute auf. Wenn solche Stipendiaten später allerdings doch damit anfangen, sich ihre Arbeit bezahlen zu lassen, sollten sie ihren Ausbildern die Gebühren nachträglich zahlen. Wir erwarten von Euch, dass Ihr Kontakt zu Leuten aus der Gegend aufnehmt, sie über den Kurs informiert und ihnen ein oder zwei Stipendien anbietet. Wenn dreißig Leute an einem Kurs teilnehmen, dann könnt Ihr es Euch leisten, vier umsonst teilnehmen zu lassen.

Wir haben gegenwärtig zu wenige weibliche Designer und wollen diesen Mangel wettmachen. Deshalb müssen die Hälfte der Teilnehmer eines Design-Kurses Frauen sein. Macht allen Bewerbern unmissverständlich klar, dass Ihr den Kurs für Leute veranstaltet, die beabsichtigen, Designer zu werden. Ansonsten verschwendet Ihr die Zeit aller Beteiligten. Das ist von entscheidender Bedeutung. Es ist nicht nötig, dass die Teilnehmer vom Lande stammen, es ist aber wichtig, dass sie über Disziplin und Erfahrung verfügen. Überlasst die Auswahl der Gruppe, die den Kurs organisiert.

Ich halte es für richtig, bei einigen Design-Kursen die Teilnehmerschaft auf Leute mit abgeschlossenem Hochschulstudium zu beschränken. Auf diese Weise werdet Ihr Volks- und Betriebswirtschaftler bekommen.

Wie man Arbeit findet

Führt Wochenend-Workshops durch, daran werden sich Aufträge anschließen. Haltet Vorträge, schreibt Artikel für örtliche Zeitungen. Erst wenn Ihr schon etabliert seid und ein Team hinter Euch habt, könnt Ihr auch Anzeigen aufgeben. Es ist am besten, klein anzufangen und Erfahrungen zu sammeln. Sonst habt Ihr eines Tages womöglich mehr Arbeit, als Ihr schaffen könnt.

Gebühren für Design-Jobs

Wir schlagen vor, dass Ihr Euer Geschäft im Allgemeinen so betreibt, dass Ihr Euch jede Arbeit bezahlen lasst. Meist könnt Ihr es jedoch so einrichten, dass Ihr für jeden bezahlten Job, den Ihr macht, gleich noch einen unbezahlten mitmacht, und zwar in derselben Gegend, in der Ihr wegen des bezahlten Jobs ohnehin schon seid. Das hält Eure Kosten niedrig.

Mit unseren Gebühren halten wir uns an die der örtlichen Landschaftsarchitekten. Ihr könnt Euch erkundigen und diese Gebühren herausfinden. Ihr habt die Freiheit, Eure Gebühren individuell festzusetzen. Ich beziehe mich hier auf unsere eigenen Erfahrungen.

Es ist üblich, für jeden Job zunächst einen Kostenvoranschlag zu erstellen, es sei denn, der Job erfordert sehr viel Arbeit, die sich über einen längeren Zeitraum erstreckt. In einem solchen Fall werdet Ihr vielleicht auf Stundenlohn-Basis arbeiten wollen. Legt ganz genau fest, wofür Ihr Gebühren nehmt und wie sie sich errechnen.

In der Vergangenheit haben wir uns für normale Jobs, also für Entwürfe bis zu einer Grundstücksgröße von ungefähr fünfzehn Hektar, auf der Basis von Arbeitstagen bezahlen lassen. Für so einen Job ist man einen Tag auf dem Grundstück und fertigt dann eine Weile später einen maschinengeschriebenen, dokumentierten und illustrierten Bericht an. Solch ein Bericht sollte etwa fünfzehn bis zwanzig Seiten lang sein und es sollten viele Details mit kleinen Bildern illustriert sein. Am Ende jedes Berichtes ermutigen wir den Klienten, weitere Fragen zu stellen, die wir dann kostenlos beantworten. Wenn uns zu einem der im Bericht angesprochenen Themen nachträglich noch etwas Wichtiges einfällt, teilen wir dem Klienten das brieflich mit.

Bei großen Aufträgen seht Ihr Euch für die Anfertigung eines Vorentwurfs das Grundstück an und schildert in allgemeiner Form, was alles getan werden kann und wie Ihr Euch in Zukunft durch die Anfertigung detaillierter Entwürfe für spezielle Gebiete noch nützlicher machen könnt. Niemals solltet Ihr einen großen Auftrag annehmen und versuchen, auf der Stelle einen umfassenden Entwurf zu erstellen. Gebt dem Klienten stattdessen einen Überblick, der es ihm ermöglicht, zu entscheiden, wie er die Sache anpacken will. Ihr könnt rechnen, dass die Kosten für den Entwurf etwa eineinhalb bis zwei Prozent von den Gesamtausgaben ausmachen werden, die für die Umsetzung des Entwurfes nötig sind. Fragt den Klienten, wie viel Geld er anlegen will, und legt Eure Gebühr dann mit eineinhalb bis zwei Prozent dieser Summe fest. Auf dieser Basis könnt Ihr Kostenvoranschläge erstellen.

Vielleicht arbeitet Ihr auch einmal an ganzen Dorfprojekten. Ihr könnt vielleicht einen Grobentwurf erstellen, an dem sich die Leute, die in das Dorf ziehen wollen, orientieren können. Später wird man Euch vielleicht beauftragen, für einzelne Leute individuelle Designs zu machen.

Wir können noch eine andere Dienstleistung anbieten: ein Papier mit einer Reihe von Prinzipien erstellen, das die Leute an den Architekten weiterreichen können, der ihr Haus plant. Oder möglicherweise können wir dem Klienten dabei helfen, einen Architekten zu finden, der sich auf einem bestimmten Gebiet besonders gut auskennt.

Bringt ein Netzwerk in Gang, nehmt Verbindungen mit allen Leuten in der Gegend auf, deren Hilfe Ihr gebrauchen könnt: Gärtner, Architekten, Landwirte, Grundstücksmakler, Werbefachleute, Büroangestellte.

Wie man ein Grundstück für einen Klienten findet

Vielleicht erhaltet Ihr den Auftrag, ein Grundstück für einen Klienten zu suchen. Das erste Kriterium dabei ist von größter Wichtigkeit, nämlich dass der Klient die Möglichkeit hat, sich auf dem eigenen Grundstück mit Wasser zu versorgen. Das zweite Kriterium ist, dass das Grundstück für die Pläne des Klienten geeignet ist. Das dritte Kriterium ist, dass das Grundstück in seiner gegenwärtigen Nutzungsform unter Wert gehandelt wird, das vierte, dass die Nutzung des Grundstücks nicht durch Bau- oder sonstige Vorschriften eingeschränkt wird, sodass der Klient die Möglichkeit hat, beliebig zu bauen und beliebig viele Leute auf dem Grundstück wohnen zu lassen. Manchmal könnt Ihr Grundstücke am Rand von Städten bekommen, auf denen zwanzig oder mehr Leute wohnen können.

Das fünfte Kriterium ist, dass Ihr Euch zutraut, das Grundstück für Euren Klienten wesentlich zu verbessern. Ein gutes Beispiel dafür ist Land, auf dem Bergbau im Tagebau betrieben wurde.

Das sechste Kriterium ist, für den Klienten kein Grundstück auszusuchen, dessen Kaufpreis an die Bedingung gekoppelt ist, es in viele kleine Baugrundstücke aufzuteilen; solche Grundstücke sind besonders teuer. Ihr könnt allerdings eine Ausnahme von dieser Regel machen, wenn Ihr auf dem Grundstück eine Ressource entdeckt, die bei der Festlegung des Kaufpreises nicht mit in Betracht gezogen wurde. Schließlich solltet Ihr den Klienten, für den Ihr nach einem Grundstück sucht, dazu überreden, Euer Interesse an der ökologischen Verbesserung des Grundstückes zu teilen.

Die Gebühr für das Ausfindigmachen eines Grundstückes beträgt gewöhnlich ein halbes Prozent seines Kaufpreises dafür, dass Ihr das Grundstück findet, und weitere eineinhalb Prozent, wenn Eure Klienten das Grundstück tatsächlich kaufen.

Ihr müsst die Situation des örtlichen Arbeitsmarktes genau studieren und gut überlegen, welche Marktaussichten sich für das Projekt ergeben, das Euer Klient auf dem Grundstück verwirklichen will. Ihr findet für einen bestimmten Klienten ein bestimmtes Grundstück, und zwar billiger als er das selber tun könnte. Dafür lasst Ihr Euch vom Klienten bezahlen.

Ihr könnt noch andere Dienstleistungen anbieten, zum Beispiel Energieverbrauchsanalysen oder Ressourceninventur. Dabei müsst Ihr dann selber herausfinden, wie Ihr Eure Gebühren festlegt. Ich kann mir noch viele andere Dienstleistungen vorstellen, die wir anbieten könnten. Wir errichten zurzeit einige Dörfer, aber die Ausbildung von Designern hat für uns Priorität, denn wir haben nicht genug Leute, um mit all diesen Arbeiten fertig zu werden.

Wir wollen die Besitzrechte an unkultivierten Flächen erlangen und diese Flächen dann in ihrem natürlichen Zustand erhalten. Während Ihr reist und arbeitet und lest, müsst Ihr immer darüber nachdenken, wie Ihr große Flächen, zum Beispiel trockene Gebiete, die gegenwärtig landzerstörend als Weiden für Rinder und Schafe genutzt werden, in wirklich produktive Gebiete verwandeln könnt. Es könnte sehr einfache Lösungen geben, wie etwa den Anbau von Aloe vera, der auf hundert Hektar mehr Geld einbringt als die Schafzucht auf zehntausend Hektar. Wenn Ihr eine Idee habt, schaut Euch nach einem Klienten um, der das Land dafür hat, oder schaut Euch nach jemandem um, der das Land kaufen will, um eine solch revolutionäre Nutzungsweise zu demonstrieren. Ihr solltet einen großen Teil Eurer Design-Arbeit so einrichten, dass die Projekte Eurer Klienten in irgendeiner Weise auch als Demonstrationsobjekte wirken.

Ihr solltet dafür sorgen, dass Ihr gute Beziehungen zu Grundstücksmaklern entwickelt. Ich glaube, dass mindestens achtzig Prozent der Grundstücksmakler unsere Ziele unterstützen. Es wäre eine gute Sache, Flugblätter zu drucken, die beschreiben, was wir machen, und diese von Grundstücksmaklern verteilen zu lassen.

Grundstücksverwaltung

Die Verwaltung von Grundstücken kann Euch einige Monate im Jahr beschäftigen. Je nachdem, wie viel Arbeit erforderlich ist, erheben wir dafür Gebühren zwischen zweitausend und fünftausend Dollar. Es gibt viele Leute, die ein Grundstück besitzen, das in irgendeiner Weise genutzt wird, die dort aber nicht leben. Sie suchen jemanden, der ein Auge auf das Grundstück wirft. Die Grundstücksmakler in Australien schaffen sich einen Nebenverdienst, indem sie bis zu fünfzig Grundstücke verwalten. Sie erbringen Dienstleistungen wie das Kaufen und Verkaufen von Vieh. Sie organisieren Ernte und Verkauf. Für ihre Dienste erheben sie eine Pauschalgebühr. Es kann vorkommen, dass man für einen einzigen Klienten die Aufsicht über fünfzig Grundstücke führt. Einem vollbeschäftigten Verwalter müsste er fünfzehntausend Dollar pro Jahr zahlen.

Ihr könnt anbieten, häufige Besuche zu machen, wobei Eure Kosten für Fahrten und Verpflegung abgedeckt werden, und Ihr braucht dafür vielleicht nur fünftausend Dollar im Jahr zu verlangen. Auf diese Weise könntet Ihr drei, vier oder fünf solcher Ländereien verwalten.

Aber als ausgebildete Designer werdet Ihr dadurch aus dem Verkehr gezogen. So kommt es, dass wir ebenso schnell, wie wir Designer ausbilden, sie auch wieder verlieren. Wenn wir als Verwalter tätig werden, werden wir nie genug Designer in der Gegend haben! Einige werden sich in langfristigen städtischen Projekten engagieren, einige werden in der Verwaltung arbeiten. Es gibt noch viele andere Möglichkeiten für Designer, zu verschwinden, indem sie feste Stellen annehmen, beispielsweise in der Erwachsenenbildung.

Das Anfertigen von Berichten

Methodik

- Sammle alle Daten: die Anforderungen, die der Klient stellt, Karten, amtliche Vorschriften.
- Analysiere die Probleme des Klienten.
- Finde diejenigen Prinzipien der Permakultur heraus, die in diese besondere Situation passen und die auf die gegebenen Probleme angewandt werden können.
- Entwickle spezifische Anwendungen der Permakultur-Prinzipien auf die gegebenen Probleme.
- Gestalte die Problemlösungen in Form von Randzonen und vermehrten funktionalen Beziehungen.
- Überprüfe das Ganze und stelle sicher, dass diese Lösung den tatsächlichen Bedürfnissen des Klienten auch wirklich gerecht wird und alle möglichen Probleme berücksichtigt. Wenn alles bedacht worden ist, kannst Du anfangen, den Bericht zu schreiben.

Der Bericht

Allgemeine Beschreibung des Grundstückes

Fangt mit einer kurzen Beschreibung des Grundstückes und seiner Lage in der Gegend an. Dazu gehört, wie sich das Grundstück zu den Himmelsrichtungen verhält, wie die Vegetation beschaffen ist und was an Wasser und Böden vorhanden ist.

Zeichnet anschließend eine Übersichtskarte, auf der das Grundstück in identifizierbare Flächen unterteilt ist, die später im Detail behandelt werden.

Punkte, die das gesamte Grundstück betreffen

Es wäre nur logisch, sich in einer besonders gefährdeten Region als Nächstes mit einem Thema wie Feuerschutz zu befassen und Schritte zu beschreiben, die der Klient unternehmen muss, um sich gegen Feuergefahr zu schützen.

Ein anderes Thema dieser Art sind den Klienten betreffende juristische Fragen: zum Beispiel die möglichen Vorteile von Stiftungen, Treuhandgesellschaften oder gemeinnützigen Vereinen.

Auch die Bildung von Gruppen wäre ein Thema, wenn der Klient auf dem Grundstück eine Gruppe aufbauen will und Hilfe braucht, um die Sache in Gang zu bringen. Ihr könnt Methoden empfehlen, wie man Besucher anzieht und mit den Nachbarn in Verbindung tritt.

Wenn der Klient erwägt, kommerzielle Landwirtschaft zu betreiben, wäre eine Analyse der örtlichen Marktsituation angebracht.

Nachdem Ihr die allgemeinen Themen behandelt habt, folgen die Details.

Detaillierte Behandlung von Einzelflächen

Ihr habt zu Beginn das Grundstück in Zonen aufgeteilt. Beim Schreiben Eures Berichtes solltet Ihr mit einer einfachen Terminologie arbeiten. Bezeichnet die Einzelflächen einfach mit »Situation des Hauses« oder »Gemüsegarten«. Gebt zuerst jeder Einzelfläche einen Namen. Außerdem könnt Ihr sie noch mit Nummern kennzeichnen, sodass Ihr eine Karte habt, auf der all diese kleinen Einzelflächen nummeriert sind.

In Eurem Bericht fangt Ihr dann mit Einzelfläche Nummer 1 an und behandelt die Flächen eine nach der anderen, indem Ihr Euren Entwurf detailliert darstellt. Als Erstes wird fast immer das Haus und der Gemüsegarten behandelt, denn dort sollte der Klient in der Regel mit der Arbeit beginnen.

Prinzipielles zum Entwurf von Häusern

Wenn der Klient noch kein Haus auf dem Grundstück hat, sollte dieser Abschnitt eine kurze Beschreibung des Energiebedarfs und Empfehlungen für bestimmte Bauweisen enthalten. Wenn Ihr einen guten Bauunternehmer kennt, könnt Ihr den empfehlen.

Wenn ein Haus vorhanden ist, könnt Ihr Umbauvorschläge machen, wozu auch das Thema der Klimaverbesserung durch Gewächshäuser, Schattenhäuser, Spalierpflanzen, Rankgewächse, Erddämme, Windschutzpflanzungen und Gartenteiche gehört.

Legt einen Platz für den Garten fest, einschließlich einem für Beerenobst. Ihr braucht Euch jedoch nicht im Einzelnen mit dem Thema Gartenpflege zu befassen. Stattdessen könnt Ihr Bücher zu diesem Thema empfehlen und darauf hinweisen, dass es Methoden der Gartenpflege gibt, die Energie sparen. Fasst Eure Hinweise zu Büchern am Ende des Berichtes in einer Bibliographie zusammen.

Ihr müsst die Möglichkeit diskutieren, Regenwasser vom Dach zu sammeln. Schlagt vor, einen Tank oder ein Dach so zu platzieren, dass sie höher liegen als Haus und Garten und so das Wasser durch die Schwerkraft dahin laufen kann, wo es gebraucht wird.

Übrigens müsst Ihr Wasser als gesondertes Thema behandeln, wenn in Eurem Entwurf viele verschiedene Sachen auf dem Grundstück mit Wasser zu tun haben.

Dann befasst Ihr Euch mit der nächsten Einzelfläche, das kann der Obstgarten sein oder eine für die Freilandhaltung von Hühnern gedachte Waldweide. Falls es sich um einen Obstgarten handelt, beschreibt Ihr die Pflanzsysteme, die Bewirtschaftungssysteme und die Frage, wie sich Tiere in den Obstgarten integrieren lassen.

So behandelt Ihr die Einzelflächen eine nach der anderen und befasst Euch detailliert mit den jeweiligen Problemen. Ihr werdet bei Eurer Arbeit feststellen, dass Zeichnungen es den Leuten leichter machen, zu verstehen, was Ihr beschreibt. Und wenn Ihr zum Beispiel eine Zeichnung zu Windschutzpflanzungen macht, gebt auch an, aus welchen Spezies die Windschutzpflanzungen zusammengesetzt sind.

Bei großen Zeichnungen, die mehr als ein Gebiet umfassen, ist es nützlich, auch die Anordnung der Zäune einzuzeichnen.

Standardisierte Entwürfe

Ihr werdet in Eurem Bericht wahrscheinlich einige standardisierte Entwürfe unterbringen können und braucht dann nur verbindende Texte zu schreiben. Entwickelt Eure eigenen standardisierten Entwürfe, die Ihr für eine Reihe immer wiederkehrender Situationen benutzen könnt.

Standardisierte Entwürfe können sich mit Themen aus Bereichen wie Architektur, Landschaftsplanung oder Landwirtschaft befassen. Die Konstruktion eines Eishauses wäre ein Beispiel.

Nun kommen wir zum Ende des Berichts.

Bibliographie

Wenn Ihr alle allgemeinen Themen und Einzelflächen detailliert behandelt habt, besteht Eure nächste Aufgabe darin, eine Bibliographie zusammenzustellen. Darin müssen alle Bücher aufgeführt sein, die Ihr in Eurem Bericht erwähnt habt, sowie möglichst noch andere, die dem Klienten helfen können, sich weiterzubilden.

Es ist notwendig, dass Ihr diese Bücher gelesen habt und dass Ihr Euch auf dem Laufenden haltet, was Neuerscheinungen anbelangt. Es wäre günstig, wenn ein Mitglied Eurer Gruppe von Designern sich als Informationssammler betätigen könnte und sich angewöhnen würde, alle neu erscheinenden Bücher durchzusehen und auf ihre Wichtigkeit und ihren Informationsgehalt für die Permakultur zu prüfen.

Eine Pflanzenliste

Euer Bericht sollte eine Liste von Pflanzen enthalten. Mit Euren Empfehlungen müsst Ihr aber vorsichtig sein, damit Ihr nicht den Anbau von Pflanzen empfehlt, die sich auf dem Grundstück womöglich in unerwünschter Weise ausbreiten.

Zunächst einmal werdet Ihr Euch ein persönliches System von Aufzeichnungen über Pflanzen und Tiere zulegen müssen, das Informationen über alle darin enthaltenen Spezies enthält. Gelegentlich mag es sich als notwendig erweisen, dass Ihr für einen besonderen Job eine besondere Liste anfertigt, was einen beträchtlichen Aufwand an Forschungsarbeit erfordern kann. Ihr solltet Euch mit allen Büchern vertraut machen, die Euch dabei helfen könnten, und die Bekanntschaft von Nachbarn pflegen, die Wissen über Pflanzen oder Tiere haben.

Eine Liste von Ressourcen

Dazu gehört insbesondere eine Liste von ortsansässigen Leuten, die möglicherweise in der Lage sind, dem Klienten zu helfen. Diese Liste könnte auch die Namen von Klienten enthalten, für die Ihr Designs gemacht habt und die der jetzige Klient besuchen könnte, um mal zu sehen, was da so passiert.

Ihr werdet Bezugsquellen angeben müssen, insbesondere für angemessene Technologien und Werkzeuge, die der Klient benötigen wird.

Wenn Ihr die ersten Designs in einer Gegend macht, solltet Ihr bedenken, dass es nützlich sein kann, wenn Eure Klienten bei späteren Designs als Lieferanten dienen könnten. Die Einrichtung einer Baumschule würde sich in diesem Zusammenhang besonders anbieten.

Kostenanalyse, um Prioritäten zu setzen

Ihr müsst wissen, wie viel Geld der Klient ausgeben kann und was er letztendlich erreichen will. Ihr werdet ihm dann sagen, womit er anfangen soll und was das ungefähr kosten wird. So könnt Ihr das ganze Design durchgehen. Ihr dürft diesen Punkt niemals auslassen, niemals dem Klienten Euren Bericht mit all diesen wunderbaren Ideen übergeben, ohne dass er weiß, womit er anfangen soll. Ihr müsst darstellen, wie sich die Sache am besten organisieren lässt.

Ihr könnt noch etwas anderes tun, und zwar könnt Ihr skizzieren, wie eine Bewirtschaftung nach permakulturellen Gesichtspunkten aussehen würde. Ihr könnt Euch da mit Fragen der Pflanzenfolge, der Entwicklung von Systemen befassen und damit, wie der Klient die Entwicklung durch zeitliche Überlagerung beschleunigen kann.

In Eurer Schlussbemerkung solltet Ihr klarstellen, dass Ihr keine Garantie für das im Bericht Gesagte übernehmen könnt, weil sich viele Faktoren verändern können, da Ihr Euch mit natürlichen Systemen, einer in stetem Wandel befindlichen Umwelt und wechselnden Marktsituationen befasst.

Schließlich versichert dem Klienten, dass Ihr weitere Fragen kostenlos beantworten werdet. Sagt ihm, dass er Euch jederzeit schreiben kann und dass Ihr ihn gelegentlich besuchen werdet, um zu sehen, wie sein Projekt sich entwickelt.

Grundlegende Fehler

Auch ein erfahrener Designer kann noch viele Fehler machen. Hängt eine Fehlerliste gut sichtbar auf und geht sie immer wieder einmal durch.

- **Fehler 1:** Einen Design-Auftrag übernehmen für Leute, deren Ziele umweltzerstörerisch sind, zum Beispiel für eine Gruppe, die eine Lichtung in den Wald schlagen und dort siedeln will. Wenn Ihr mit solchen Leuten zu tun bekommt, solltet Ihr immer die Partei unserer Oberklientin, der Umwelt, ergreifen. Meistens werden es aber gute Leute sein, die sich an Euch wenden.
- **Fehler 2:** Einem Klienten die Gründe verschweigen, aus denen heraus Ihr bestimmte Dinge empfehlt. Ihr müsst Eure Empfehlungen immer erklären, zum Beispiel sagen, dass Ihr jenen Abfluss da und da platziert habt, um Abwasser einer bestimmten Zweitnutzung zuführen zu können.
- **Fehler 3:** Eine Technologie empfehlen, die so kompliziert ist, dass der Klient nicht damit umgehen kann.
- **Fehler 4:** Unzureichende Informationen zur Bewirtschaftung geben, also darüber, wie der Klient sein System am Laufen halten kann, nachdem es erst einmal in Gang gekommen ist. Eine besondere Bewirtschaftungsstrategie wird zum Beispiel für einen Obstgarten benötigt oder für die Umstellung von einem System auf ein anderes.

- **Fehler 5:** Einen unpersönlichen Bericht schreiben. Euer Stil sollte direkt, freundlich und persönlich sein.
- **Fehler 6:** Unpräzise Angaben machen, sich allgemeiner und vager Ausdrücke bedienen wie »ziemlich groß«.
- **Fehler 7:** Schlechte Übergänge. Es ist wichtig, genau zu durchdenken, wie Randzonen angeordnet sind und wie die Verbindungen zwischen den verschiedenen Systemen geartet sind, die zu Eurem Design gehören.
- **Fehler 8:** Die Erwähnung wesentlicher vorbereitender Maßnahmen vergessen. Zum Beispiel, wie der Klient seine Böden in einen Zustand versetzen kann, der für die von Euch vorgeschlagenen Nutzungsweisen notwendig ist.
- **Fehler 9:** Pflanzen empfehlen, deren Anbau in dem Gebiet gesetzlich untersagt ist.
- **Fehler 10:** Es versäumen, eine vollständige Aufzählung der auf dem Grundstück vorhandenen Ressourcen zu geben und jeweils zu erklären, auf welche Weise diese genutzt werden können. Natürlich setzt das Eure Fähigkeit voraus, diese Ressourcen erst einmal zu erkennen.

Design-Arbeit

Die Ressourcen

Zwar gilt unser unmittelbares Interesse im Augenblick dem Klienten, doch Menschen sind auf dem Grundstück nur ein vorübergehendes Phänomen. Unser eigentliches Interesse gilt dem Land selber, obwohl wir das vielleicht nicht jedem sagen können. Wir versuchen deshalb, unseren Klienten von guten Bewirtschaftungsmethoden zu überzeugen. Der Entwurf ist für uns ein Mittel, den Klienten mit dem Grundstück zu verbinden. Unsere eigentliche Absicht aber ist, für das Grundstück selber eine Entwicklung einzuleiten.

Es ist von entscheidender Bedeutung, dass Ihr herausfindet, über welche Ressourcen der Klient verfügt. Dabei gibt es zwei oder drei verschiedene Kategorien von Ressourcen, die zu beachten sind: zunächst die Ressourcen des Klienten. Er verfügt über die Ressourcen

Fähigkeit, Erfahrung, Material und Kapital. Es ist notwendig, den Klienten gut kennenzulernen, sich mit ihm oder der Klientengruppe zusammenzusetzen und alles über ihn oder sie herauszufinden, insbesondere aber, was sie wollen. Höchstwahrscheinlich wollen sie verschiedene Dinge, zum Beispiel Kühe, Schweine, Truthähne, Hühner und Obstgärten.

Dann ist da die Frage, wie die Klientengruppe leben will. Vielleicht streben sie weitgehende Selbstversorgung an oder sie wollen auf dem Grundstück etwas zum Verkauf produzieren oder sie wollen einfach nur einen gewissen Grad an Selbstversorgung erreichen, vielleicht die Selbstversorgung mit Nahrungsmitteln. Findet heraus, ob sie wirtschaftliche Unabhängigkeit anstreben oder ob sie ganz zufrieden sind mit ihren gegenwärtigen Jobs, ob sie in der Lage sind, ihr Geld auf dem Grundstück zu verdienen, selbst wenn es ganz abgelegen ist. Manche Leute können das tun, zum Beispiel Töpfer. Ein solcher Klient würde sein Grundeinkommen aus einer Tätigkeit beziehen, die eigentlich nichts mit dem Grundstück zu tun hat. Die Fähigkeiten des Klienten sind deshalb wichtige Ressourcen.

Dann gibt es noch die Kategorie der Ressourcen, die dem Grundstück zuzuordnen sind. Vielleicht hat der Klient viele gar nicht als solche erkannt. Hier habt Ihr die Möglichkeit, Euer Geld wirklich zu verdienen, vielleicht könnt Ihr den Klienten auf etwas aufmerksam machen, was ein Vielfaches dessen wert ist, was Ihr für Eure Arbeit verlangt.

Nun gibt es die verschiedensten Ressourcen. Es könnte sein, dass auf dem Grundstück eine bestimmte Pflanzenart wild wuchert, dass beispielsweise auf einem Bauernhof überall Fenchel wächst. Euer Klient könnte den Fenchel ausrotten und etwas anderes mit dem Grundstück anfangen. Wenn Ihr Euch aber über Fenchel informiert, wie ich es getan habe, als ich mal damit zu tun hatte, dann werdet Ihr herausfinden, dass Fenchel durch einfache Dampfdestillation zu einem wertvollen Rohstoff wird. Fenchel enthält einen Stoff, der sehr einfach zu destillieren ist und der als Basis für die Herstellung von Lakritz dient. Das Grundstück war also bereits mit einem sehr wertvollen landwirtschaftlichen Produkt »bepflanzt«, das genug Erlös bringen konnte, um die auf dem Rest des Grundstücks notwendigen

Arbeiten zu bezahlen. Wenn Ihr so etwas überseht, habt Ihr Eure Chance verpasst; dann habt Ihr den größten Teil Eures Einkommens bereits gleich zu Anfang weggeworfen. Wenn Ihr solche Möglichkeiten aber erkennt, kann der Klient zusätzlich zu seinem eigenen Fenchel noch Fenchel aus der Nachbarschaft einkaufen und so ein örtliches Zentrum zur Fenchelverarbeitung aufbauen. Zwar kann es durchaus sinnvoll sein, den Fenchel auszurotten und stattdessen einen Obstgarten einzurichten, aber es ist bestimmt sinnvoller, den Fenchel zu ernten und zu verarbeiten als ihn unterzupflügen. Als Designer habt Ihr die Aufgabe, die Klienten auf solche Dinge hinzuweisen.

Die Ressourcen des Grundstücks lassen sich in alle möglichen Kategorien einteilen.

Hier zählen Eure Beobachtungen: Gibt es dort beispielsweise Grillen? Kann nicht auch das eine Ressource sein? Ihr braucht ein grundlegendes Wissen über Wildkräuter. Vielleicht sind in diesem Bereich Ressourcen vorhanden.

Ihr seht Euch also das Grundstück genau an und haltet Ausschau nach Moosen, Unkräutern und Insekten. Vielleicht gibt es auf dem Grundstück sogar Samen, die sich verkaufen lassen. Das sind Eure Erd-Ressourcen.

Dann gibt es noch etwas anderes, worauf Ihr achten müsst. Kann man auf dem Grundstück vielleicht Energie erzeugen, die sich verkaufen lässt? Gibt es beispielsweise einen hohen Wasserfall oder lässt sich so etwas vielleicht einrichten? Kann Euer Klient zu Hause sitzen und sein Selbstversorger-Gemüse essen, während der Stromzähler rückwärts läuft und Geld einbringt? Kann er sauberes Wasser, den bald kostbarsten Rohstoff der Welt, verkaufen? Gibt es auf dem Grundstück Wasser, das an Leute, die vielleicht weiter unten im Tal wohnen, verkauft werden könnte? Ist es auf dem Grundstück Eures Klienten sehr windig? Könnte es sich lohnen, die Landwirtschaft zu vergessen und stattdessen Windgeneratoren aufzustellen und im großen Stil billige Energie zu verkaufen?

Wenn eine dieser Möglichkeiten gegeben ist, könnten Eure Klienten damit ihren Lebensunterhalt bestreiten. Passt deshalb auf, dass Ihr das Energiepotenzial des Grundstücks nicht außer Acht lasst.

Gibt es brauchbares Holz, das zurzeit verrottet oder das beim nächsten Buschfeuer verbrennen wird? Wir haben festgestellt, dass wir innerhalb von vier Jahren kommerziell verwertbares Balsaholz aus Sämlingen erzeugen können. Daraus wurde die erste Balsaplantage in Australien. Ein dreijähriger Balsabaum ist ungefähr fünftausend Dollar wert.

Aloe vera ist ein Mittel gegen Verbrennungen, das sich in Blumentöpfen verkaufen lässt.

Bringt Euren Klienten dazu, ein bisschen Geld, das er vielleicht in einen Zaun stecken wollte oder in sonst etwas nicht wirklich Nötiges, in Unternehmungen anzulegen, die Gewinne bringen.

So geht Ihr an Eure Berichte heran. Ihr sprecht mit dem Klienten, untersucht das Grundstück und dann geht Ihr nach Hause und arbeitet mit Euren Büchern oder fordert spezielle Informationen bei einem Literaturforschungsdienst an, zum Beispiel Informationen über Fenchel ...

Eukalyptusöl kann eine weitere Ressource sein. Es wird für hundert Dollar die Gallone (etwa vier Liter) gehandelt. Aber diese Gallone enthält jeweils eine Unze (etwa dreißig Milliliter) von drei Stoffen, die alle dreitausend Dollar pro Unze wert sind. Indem man also den kleinen zweiten Schritt macht und eine fraktionierte Destillation durchführt, dazu braucht man nur einen kleinen Ein-Gallonen-Apparat, hat man ohne großen Mehraufwand dreitausend Dollar verdient. Ein Gerät, das Euch sechshundert Dollar kostet, amortisiert sich schon bei der ersten Destillation!

Ich hatte einmal einen Klienten in Indien, nämlich eine staatliche Schweinezuchtanstalt, die auf einem fünfundzwanzig Hektar großen Grundstück Schweine hält und den Mist auf dem ganzen Grundstück verteilt. Sie haben so viel Mist, dass alle Pflanzen dort eingehen. Und sie hatten eine Riesenrechnung für Schweinefutter, denn die Schweine wurden mit Getreide gefüttert. Als ich aber die Straße entlang ging, konnte ich sehen, wie Brotfrüchte von den Bäumen fielen. Es war nichts weiter zu tun, als die fünfundzwanzig Hektar mit Brotfruchtbäumen zu bepflanzen und die Brotfrüchte an die Schweine zu verfüttern, dadurch erhöhte sich die Menge wertvoller Nahrungsmittel in der Umgebung. Und die Regierung bekam billige Schweine. Ich habe auch vorgeschlagen, den örtlichen Bauern Brotfruchtbäume und ein Schwein zur Verfügung zu stellen und sich das später mit Brotfrüchten oder Schweinen bezahlen zu lassen.

Dann stellt sich die Frage der Waldbewirtschaftung. Falls es auf dem Grundstück jemals brennen sollte, werden Hunderte von Tonnen an Biomasse vernichtet. Die Frage ist, ob wir die da herausholen und nutzen oder ob wir sie da liegen lassen, bis sie einem Feuer zum Opfer fällt. Wenn Ihr totes Holz aus dem Wald holt, vernichtet Ihr dabei nicht dreißig Zentimeter an Mutterboden, wie es bei einem Feuer geschieht. Außerdem sollten wir uns daran erinnern, dass wir im Rahmen der Waldbewirtschaftung noch andere Dinge tun können: Wir verbrennen Buschwerk und sorgen dafür, dass mehr Biomasse heranwachsen kann, viel mehr Biomasse. Ihr könnt den Wald so lassen, wie er jetzt ist, wo die Bäume viel zu eng stehen und kaum noch wachsen. Oder Ihr könnt ihn so bewirtschaften, dass viel mehr Biomasse produziert wird.

Vielleicht gibt es Ressourcen auf dem Grundstück, die der Klient nicht erkennt und nicht nutzt, während er sich mit Dingen beschäftigt, die ihm nur einige wenige Dollar pro Jahr einbringen.

Es gibt auf dem Grundstück Erd-Ressourcen, es gibt dort Pflanzen-Ressourcen und es gibt Energie-Ressourcen. Wasser ist ein Rohstoff, der sich verkaufen lässt. Seht Euch all die Gesundheitsapostel in den großen Städten an, wie sie die Treppe hinaufstolpern mit zwei großen Flaschen Wasser, die sie von irgendeinem Bauern gekauft haben. Wenn Euer Klient also eine Quelle mit gutem Wasser hat, kann er das vielleicht verkaufen. Er sollte das Wasser analysieren lassen, ehe er mit dem Verkaufen anfängt. In dieser Gegend hier, wo viel saurer Regen fällt, käme der Verkauf von Wasser allerdings dem von Säure gleich ...

Es kann noch andere Ressourcen auf dem Grundstück geben, nach denen Ihr Ausschau halten müsst. Es könnte tierische Ressourcen geben, und zwar sowohl in Form von wirbellosen Tieren als auch von Wirbeltieren. Ihr müsst ein Gefühl für Dinge bekommen, die zwar gegenwärtig noch nicht da sind, die aber für das Grundstück gut wären. So könnte sich ein Grundstück für den besten Kanadischen Gelbwurz im ganzen Land eignen *(Hydrastis canadensis; die Wurzel der Pflanze hat medizinische Eigenschaften und wird fast so geschätzt wie Ginseng; Anmerkung des Übersetzers).*

Es gibt noch eine dritte Kategorie von Ressourcen, die ich als soziale Ressourcen bezeichnen möchte. Ist das Grundstück geeignet für die Veranstaltung von Kursen und Seminaren – für Freizeitaktivitäten? Das hängt ab von der Lage des Grundstücks und seiner Infrastruktur.

Was also wird das Grundstück produzieren? Je außergewöhnlicher das Produkt ist, umso besser. In den Tropen kann Chinin ein wertvolles Produkt sein, besonders das kultivierte Chinin aus Java, das in der Rinde ungefähr acht Prozent der eigentlichen Droge enthält. Es ist wertvoll, weil gegen Malaria alle anderen Mittel versagen.

Wenn ein Grundstück gut zum Anbau einer bestimmten wertvollen und leicht weiterzuverarbeitenden Pflanzenart geeignet ist, kann Euer Klient vielleicht damit sein Geld verdienen, anstatt einen Plan von früher weiterzuverfolgen.

Ich habe zum Beispiel das Grundstück eines Klienten unter Wasser gesetzt. Außer dem Bauplatz habe ich nicht viel Land übrig gelassen. Der Klient hat die erste Zuchtanlage für Wasserpflanzen in ganz Australien aufgemacht. Er kann Saatgut und Pflanzen verkaufen und die Leute können kommen und sich alles anschauen.

Was Eure Kenntnisse solcher Pflanzen anbelangt, macht Euch keine Sorgen, wenn Ihr nicht in der Lage seid, sie alle zu bestimmen. Die Welt ist voll von Botanikern und Gartenbaufachleuten. Ich muss immer wieder darauf hinweisen, dass Ihr weiter nichts zu machen habt, als den Entwurf. Ihr braucht keine Botaniker zu sein, Ihr braucht keine Bulldozer zu fahren, Ihr braucht keine Zäune zu errichten, Ihr braucht keine Architekten zu sein. Die Aufgabe des Designers ist, sich auf Wechselwirkungen zu konzentrieren.

Sich der Ressourcen eines Grundstücks bewusst zu werden, ist keine leichte Aufgabe. Lasst Euch das eine sagen: Es ist besser, alleine zu sein, wenn Ihr auf dem Grundstück herumgeht und über diese Dinge nachsinnt. Macht den Leuten unmissverständlich klar, dass es notwendig ist, Euch einige Stunden alleine zu lassen. Nehmt einen Spaten, prüft die Qualität des Bodens. Ihr könntet eine Stelle mit gutem Ton finden. In einem solchen Falle empfehlt Eurem Klienten einfach, einem Töpfer eine Probe zu zeigen, und der Töpfer wird ihm dann sagen, ob es brauchbares Material ist. So ist es uns gegangen. Wir haben sechzehn Hektar Sumpfland gekauft und herausgefunden, dass unter der sechzig Zentimeter dicken Torfschicht blauer Ton war. Den brachten wir einem Töpfer. Er tat ihn auf seine Scheibe, drehte ihn und bekam wunderschöne Krüge und er sagte: »Ich würde Euch sechs Dollar pro Sack dafür zahlen und das würde jeder dafür zahlen.« So hatten wir herausgefunden, dass wir eine Tongrube hatten, die wir gar nicht als Tongrube gekauft hatten.

Wenn eine Ressource vorhanden ist, das gilt insbesondere für Windenergie, dann sorgt dafür, dass Euer Klient sich eine Genehmigung dafür ausstellen lässt, sie auf seinem eigenen Grundstück nutzen zu dürfen. In Amerika sorgen die multinationalen Konzerne dafür, dass Windenergie in dieselbe Kategorie eingeordnet wird wie Bodenschätze. Wenn Ihr also ein Grundstück mit viel Windenergie habt und sie finden das heraus, dann könnten sie sich eine Genehmigung dafür ausstellen lassen, Windgeneratoren auf Eurem Grundstück aufzustellen. Deshalb solltet Ihr Eurem Klienten empfehlen, sich diese Genehmigung selber ausstellen zu lassen. Das kostet nicht viel. Dasselbe gilt für Ton. Bringt den Klienten dazu, die Schürfrechte für seinen Ton zu erwerben. Das ist auch Teil Eurer Arbeit. Es ist Eure Aufgabe, herauszufinden, wofür man eine Nutzungsgenehmigung braucht. Braucht der Klient zum Beispiel eine Genehmigung, um Wasser von seinem Grundstück zu verkaufen? Wahrscheinlich nicht. Wenn es auf seinem eigenen Hang ist, ist er wahrscheinlich auch Besitzer des Wassers. Aber klärt auf jeden Fall die Rechtslage. Und wenn ihm das Wasser nicht automatisch gehört, dann sollte er besser die Wasserrechte für sein eigenes Grundstück erwerben, ehe es jemand anderes tut. Klienten an der Küste brauchen eine besondere Genehmigung zum Sammeln von Seetang, Treibholz oder Muscheln. Ihr solltet deshalb einen guten Rechtsanwalt haben, um sicherzustellen, dass es für das Land, das Ihr Eurem Klienten zum Kauf empfehlt, keine vertraglich festgelegten Nutzungsbeschränkungen gibt.

Kürzlich hatte ich einen Klienten, der auf seinem Grundstück eine Goldmine und noch eine andere Mine hatte, von der er dachte, das sei nur ein Loch im Boden. Die zuständige Regierungsstelle wusste über die Minen Bescheid und hatte in der Vergangenheit Genehmigungen zu ihrer Ausbeutung vergeben, aber die waren alle verfallen. Vielleicht hat Euer Klient Lust, wenn er seinen Teich anlegt, nebenberuflich etwas Goldgräberei zu betreiben. Oder er könnte in seinem Steinbruch einen hängenden Garten anlegen – ein neues Wunder von Ninive.

Fasst all Eure Kategorien von Ressourcen zusammen – Erd-Ressourcen; biologische Ressourcen – Pflanzen, Tiere und Insekten; die Energie-Ressourcen Wind, Wasser, Holz, Öl und Gas; die sozialen Ressourcen. Dann ratet dem Klienten, sich Genehmigungen für alle in Frage kommenden Ressourcen zu besorgen, bei denen Genehmigungen nötig sind. Dann werdet Ihr Eurer Geld schon wert sein.

Wenn Leute nicht daran interessiert sind, ihren Lebensunterhalt von ihrem Land zu bestreiten, weist sie einfach nur auf den Wert der vorhandenen Ressourcen hin und darauf, dass diese vielleicht jemand anderes pachten möchte. Der Klient könnte es auf jeden Fall für angebracht halten, sich die Rechte an den Ressourcen auf seinem Grundstück zu sichern.

Es gibt noch eine andere Kategorie von Ressourcen, die wir in Betracht ziehen müssen, eine Kategorie, die von Beratern oft übersehen wird – und zwar sind das Ressourcen, die nicht unmittelbar dem Grundstück selber zugehörig sind, sondern seiner Nachbarschaft. Das sind Ressourcen wie Märkte oder ein unbefriedigter Bedarf nach irgendetwas in der Gegend.

Es kann verschiedene Dinge geben, die in einer Gegend fehlen, zum Beispiel Geräte und Materialien, für die bereits eine Nachfrage bestehen kann. Offenbar gibt es zum Beispiel in dieser Gegend hier einen Mangel an Wassertanks. Wer jetzt anfängt, Tanks zu verkaufen, wird im nächsten Jahr ziemlich wohlhabend sein. Ihr braucht weiter nichts zu tun, als mit einem kleinen Flugblatt herumzulaufen und hier und da eines abzugeben. Ihr braucht nicht einmal selbst einen Tank zu haben. Verkauft drei und Ihr bekommt einen umsonst. So lässt sich vielleicht auch der Verkauf anderer für die Permakultur nützlicher Ausrüstungsgegenstände organisieren. Ihr solltet jeweils zumindest die Vertriebsrechte haben, wenn möglich auch eine Herstellungsgenehmigung.

Dann gibt es vielleicht noch Dinge, die in der Gegend anfallen und ungenutzt auf dem Abfall landen, die Euer Klient aber noch irgendwie verwenden könnte. Solche Erkundigungen könnt Ihr auf Eurem Anfahrtsweg zur Arbeit anstellen.

Wenn Ihr das alles gemacht habt, dann habt Ihr Eurer Geld schon verdient, ehe Ihr überhaupt irgendwelche Design-Arbeit gemacht habt. Unsere eigentliche Arbeit besteht darin, dass wir uns um das Land kümmern, dass wir auf dem Grundstück die Anzahl der Energiepfade vermehren, in denen Energie gespeichert werden kann, dass wir die Produktivität des Bodens erhöhen und die Fruchtbarkeit des Bodens fördern, anstatt sie abzubauen. Wenn Euer Klient das gut findet, ist es okay. Wenn er aber bei einigen Sachen nicht mitziehen will, dann sagt ihm, er soll sich an jemand anderen wenden, zum Beispiel an die für Landwirtschaft und Forsten zuständigen staatlichen Stellen, die ihm sagen werden, wie er seinen Wald roden kann. Wir haben eine Ethik und wir arbeiten auf einer ethischen Grundlage.

Wenn Ihr einen reichen Klienten habt, dann passt auf! Haltet den Mund, bis Ihr Euch alles genau überlegt habt und Euren fertigen Bericht vorlegen könnt, das ist ein wirklich guter Rat!

Mit einem meiner Freunde, der auch Designer war, bin ich einmal losgegangen, um ein Design anzuschauen, an dem er erst wenige Tage gearbeitet hatte. Er sagte zu seinem Klienten: »Sie sollten hier unten einen Ableitungsgraben haben, um den Wasserfluss da zu verstärken.« Der Klient verschwendete keine Zeit und setzte sich in seinen Bulldozer, fuhr mit einem Winkel von ungefähr fünfundzwanzig Grad bergauf und legte einen unglaublich schlechten Graben um den Hügel herum an. Haltet also Euren Mund!

Bei einem reichen Klienten muss alles sofort gemacht werden! Sagt also gar nichts, bis Ihr hingehen und ihm sagen könnt, wie es richtig zu machen ist. Sonst kann es passieren, dass er es falsch macht.

Die Grenzen

Wenn Ihr dann mit dem Design anfangen könnt, was tut Ihr als Erstes? Ihr macht Euch ein Bild vom gesamten Gelände. Bei einem großen Grundstück kann es sein, dass Ihr dazu ein Flugzeug braucht, Fotos können Euch nicht viel helfen. Karten eigentlich auch nicht, außer, um Euch zurechtzufinden oder um Aufzeichnungen zu machen. Es geht eigentlich darum, dass Ihr da herumprobiert – das Wesentliche ist, dass Ihr das Grundstück selbst erlebt. Ihr selbst seid Euer bestes Werkzeug. Ihr habt Sinne, mit denen Ihr Euch ein Urteil bilden könnt über Windverhältnisse, Temperatur, Verdunstung und Steigungswinkel. Und Ihr habt Augen. Beobachtung ist Euer bestes Werkzeug, Erfahrung ist Euer zweitbestes Werkzeug. Erst dann kommen andere Werkzeuge. Es könnte nützlich sein, dem Klienten vorzuschlagen, seine eigenen Pläne zu machen und Prioritäten festzulegen.

Wenn Ihr die Grenzen des Grundstücks bestimmt habt, gibt es zwei Möglichkeiten. Es können schon einige Sachen da sein, dann müsst Ihr um die herumarbeiten. Ihr macht dann ein Renovierungsdesign. Die schwierigsten Renovierungsaufgaben werdet Ihr meist in unmittelbarer Nachbarschaft von Häusern und Nebengebäuden antreffen, wo die meiste Energie verbraucht wird. Wenn man Euch bittet, einen Job wie etwa die Gestaltung eines bäuerlichen Anwesens zu übernehmen, dann weist Euren Klienten darauf hin, dass Ihr ihm viele Ausgaben ersparen könnt, wenn Ihr Euch zunächst um die Umgebung seines Hauses kümmern würdet.

Nehmt Euch einen Tag Zeit, um die Gegend rund um das Haus zu erkunden, und lasst das übrige Anwesen in Ruhe, denn sein Haus kommt ihm viel teurer als der Rest. Solche Situationen werdet Ihr recht häufig antreffen.

Oder aber, es ist auf dem Grundstück noch nichts geschehen, das wäre für Euch am günstigsten.

Die Zufahrt

Wenn noch nichts gemacht worden ist, achtet sehr genau darauf, wie Ihr das Grundstück verkehrsmäßig erschließt. Wenn bereits Wege vorhanden sind, dann findet heraus, wer diese pflegt und erhält, und erkundigt Euch, ob eine Straße, die Ihr selber anlegen wollt, von der öffentlichen Hand gepflegt wird. Sorgt dafür, dass Zufahrtswege so angelegt werden, dass die Instandhaltungskosten möglichst gering sind, ein Zufahrtsweg am falschen Platz wird im Laufe der Zeit mehr kosten als alles andere, einschließlich des Wohnhauses selbst. Hänge sollte eine Straße sehr sanft queren und auf Plateaus sollte sie in nur wenigen Kurven verlaufen.

Die Zugangsstraße auf einen Hügel sollte in der Mitte des Kammes verlaufen, genau oben auf dem Grat, sodass das Wasser nach beiden Seiten ablaufen kann. In hügeligem Gelände ist das oft der einzige Platz, wo sich überhaupt eine Straße anlegen lässt. Gelegentlich findet man auch gute Straßen im Tal, die entlang eines Flusses laufen, aber deren Instandhaltungskosten sind doch noch recht hoch. Der Designer muss sehr genau auf die Platzierung der Fahrwege achten. Damit könnt Ihr Eurem Klienten viel Geld sparen. Erklärt unbedingt, warum Ihr die Wege wie anlegt.

Legt den Weg zum Haus grundsätzlich so an, dass das letzte Stück des Wegs bergauf führt, selbst wenn Ihr den Weg vorher künstlich absenken müsst, damit er beim Haus bergauf geht. Dafür gibt es verschiedene Gründe. Die meisten Zufahrtswege, die bergab zu einem Haus führen, leiten Wasser ans Haus heran, was immer lästig ist. Wenn Eure Autobatterie leer ist, ist es äußerst günstig, wenn Ihr das Auto bergab rollen lassen könnt. In Gegenden mit viel Schnee ist es gut, wenn die Straße in der Sonne liegt. Dann braucht Ihr weniger zu schaufeln. Ein Zufahrtsweg kann all diese Dinge berücksichtigen und darüber hinaus noch eine Feuerschutzfunktion erfüllen. Ihr könnt Pflanzungen anlegen, um die Bildung von Schneewehen zu verhindern. Auf all diese kleinen Sachen müsst Ihr achten.

Der Bauplatz

Die Festlegung der Zufahrtswege ist also Euer erster Schritt. Anschließend bestimmt Ihr den Platz für das Wohnhaus oder mehrere Plätze, falls es sich um eine Gruppe von Leuten handelt. Wenn Ihr für eine Gruppe arbeitet, ist es sehr wichtig, dass Ihr in Eurem Bericht betont, dass es nicht möglich ist, die Lage der Bauplätze frei zu wählen. Wenn ein paar Hippies eine Kolonie bilden, dann zieht die Hälfte von denen auf die Hügelkämme und setzt ihr Haus genau auf den Grat, während die andere Hälfte sich in den Busch verzieht. Solche Bauplätze zu wählen ist grundlegend falsch.

Wenn geplant wird, dass auf einem Grundstück mehrere Häuser gebaut werden sollen, etwa wenn zehn Leute das Grundstück gemeinschaftlich besitzen, dann müsst Ihr ihnen raten, dass die Bauplätze von einem Designer ausgewählt und durch Wege miteinander verbunden werden sollten.

Ich kann Euch von einem Beispiel erzählen, das aus dem Leben gegriffen ist. Einige Hippies kauften ein großes Tal, das einige Meilen lang war. Es gab eine öffentliche Straße durch das Grundstück. Jeder einzelne Hippie siedelte entweder auf dem Hügelkamm oder irgendwo unterhalb der Straße und sie bauten eine Reihe von Zufahrtsstraßen, die den Hang hinauf und hinunter gingen. Sie hätten in der Mitte des Hanges bauen sollen, mit nur einer einzigen Zufahrtsstraße, die nur ein Drittel so lang hätte sein müssen und deren Instandhaltung entscheidend einfacher gewesen wäre. In all den Straßen, die sie da gebaut haben, bilden sich inzwischen Wasserrinnen. Niemand hat das Recht, dem Land so etwas anzutun.

Nun würden wir lauter der Sonne zugewandte Bauplätze entlang dieser Straßen festlegen, Bauplätze, die von Nachbarn abgeschlossen sind und die durch eine einzige Straße und ein einziges Wassersystem versorgt werden könnten. Ihr müsst den Klienten vorschlagen, diese Plätze zu kennzeichnen. Die Leute dürfen ihre Wahl dann nur unter den markierten Plätzen treffen.

Bei der Auswahl von Bauplätzen sind bestimmte Kriterien zu beachten. Die thermische Lage muss in Betracht gezogen werden. Der Bauplatz darf nicht in einem Feuertunnel liegen. Ein Hügelkamm in einem Tal ist ein richtig schlechter Bauplatz. Das Tal bündelt nämlich den Wind und der Kamm fängt ihn ein. Holt Euren Klienten also vom Kamm runter. Die Aussicht wird sich nur wenig verschlechtern. Er muss nur von der höchsten Stelle weg. Andererseits ist ein Hügelkamm gar nicht schlecht, wenn es sich um einen niedrigen Kamm handelt, der zwischen zwei höheren liegt. Wenn Ihr Euch zwischen die Berge zurückzieht und in die Sonne schaut, dann ist der Platz auf einem niedrigeren Kamm zwischen zwei höheren ideal. So etwas kann man oft in den Appalachen sehen.

Sehen wir uns einige Zahlen an. Sechzig Prozent der Energie-Effizienz gehen allein dadurch verloren, dass man dem Wind ausgesetzt ist. Das gilt sogar für Euren Sonnenkollektor. Er bringt nur vierzig Prozent seiner Leistung, wenn er stürmischen Winden ausgesetzt ist. Der größte Teil der Wärme, die sich darin ansammelt, wird gleich wieder fortgetragen. Platziert also ein großes Haus nicht auf einem nackten Hügelkamm. Dort würde es alle vier Jahre den Besitzer wechseln, weil niemand die Unbehaglichkeit ertragen und die Energiekosten aufbringen kann. Wenn die Bewohner eines Hauses glücklich sind, wird es nur sehr selten verkauft, vielleicht drei- oder viermal in zweihundert Jahren. Wenn ein Haus aber schlecht gebaut ist, wechselt es andauernd den Besitzer. In der Regel könnt Ihr davon ausgehen, dass ein Haus umso öfter verkauft werden wird, je weniger Bäume um es herum wachsen. Wenn keine Bäume da sind, ist es unbehaglich für Mensch und Vieh.

Ihr legt also fest, wo der Fahrweg und das Haus hinkommen sollen, und dann schaut Ihr Euch die Liste des Klienten an, auf der all die Dinge stehen, die er gern machen möchte. Nachdem Ihr ihn auf die Ressourcen hingewiesen habt, wird er vielleicht einige dieser Vorlieben aufgeben und stattdessen ein neues Unternehmen ins Auge fassen wollen.

Als Nächstes entwerft Ihr sämtliche Wassersysteme. Versucht, beim Entwurf Wasser, Fahrweg und Bauplatz als eine Einheit zu behandeln. Wenn Ihr das richtig hinbekommt, braucht Ihr Euch um die Details keine großen Sorgen zu machen.

Es gibt zwei grundlegende Fehler, wirklich schlimme Fehler, die Ihr vermeiden solltet: Der eine besteht darin, das Haus Eurer Klienten auf einen Hügelkamm zu setzen oder in einen Wind- bzw. Feuertunnel. Und der andere besteht darin, Leute in den Busch zu setzen, eine winzige Lichtung in den Wald zu schlagen und da hinein ein Haus zu platzieren. Die Leute, die dort wohnen, geraten nämlich in eine fürchterliche Konfliktsituation.

Unsere Klienten sind gewöhnlich sehr umweltbewusste Leute, die Eichhörnchen, Backenhörnchen, Biber und dergleichen mögen. In der Regel spazieren sie nicht den ganzen Tag herum und schießen solche Tiere ab. Aber sobald wir einen Klienten in den Busch setzen, machen wir ihn zu einem attraktiven Ziel für alle Tiere und Vögel in der Gegend. Sie schlagen sich um seine Kürbisse.

Was passiert? Die Murmeltiere kommen zu ihm. Also muss er Waldmurmeltiere umbringen. Das hatte er sich nicht gewünscht. Hinzu kommt, dass er die Waldmurmeltiere sein ganzes Leben lang umbringen wird. So ist das. Er muss kleine Kängurus schießen und mit einem Knüppel losgehen und Opossums über den Schädel schlagen. Dabei ist er eine sanfte vegetarische Seele. Die Tiere werden auf schlechte Weise getötet und quälen sich und der Klient entwickelt einen Schuldkomplex. Und er geht wieder zurück in die Stadt. Er kann es nicht aushalten. Er muss das blutrünstige Geschäft jemand anderem überlassen. Und all das nur, weil Ihr ihn in den Busch gesetzt habt.

Und dann hat er noch eine schöne Weymouthskiefer am Zaun und im Umkreis von zwölf Metern kann er nichts anbauen. Wird er also verhungern oder die Weymouthskiefer umbringen? Er wird die Weymouthskiefer umbringen. Langsam beginnt das Grundstück auszusehen wie ein bisschen Penicillin inmitten von Bakterien. Die ganze Umgebung wird ermordet. Der Klient verwandelt sich in einen der üblichen *Rednecks (Redneck = Rotnacken, abwertende Bezeichnung für einen in ländlichen Gegenden der USA weitverbreiteten Menschentyp, der sich durch besondere Gedankenlosigkeit und Brutalität auszeichnet, Anmerkung des Übersetzers).* Denn durch dauerndes Töten wird ein Mensch zum Redneck. Ihr könnt also einen sanften Umweltschützer in einen richtig brutalen Typen verwandeln. Und Ihr seid es, die das getan haben. Das ist Euer Fehler. Und wenn jemand anderes so was getan hat, dann habt Ihr Wiedergutmachungsarbeit zu leisten.

Während es ein grundlegender Fehler ist, einen Klienten auf einen Hügelkamm zu setzen, wo er den Gefahren von Feuer und Kälte ausgesetzt ist und oft kein Wasser hat, müsst Ihr ebenso aufpassen, ihn nicht so zu platzieren, dass andere Katastrophen ihn erwischen – Erdrutsche oder Vulkane. Prüft nach, ob Ihr das vielleicht getan habt. Ihr solltet eine solche Prüfliste vor Augen haben, wenn Ihr einen Bericht schreibt. Solche Fehler können wirklich ernst sein.

Waldgrundstücke

Wenn Ihr gebeten werdet, einen Entwurf für ein Grundstück zu machen, das vollständig bewaldet ist, dann führt als Allererstes ein ernsthaftes, langes Gespräch mit dem Klienten. Findet heraus, ob es nicht vernünftiger für ihn wäre, einige Nahrungsmittel von seinen Nachbarn einzukaufen. Findet heraus, ob er wirklich ein Waldstück für einen Garten roden will. Wenn ja, dann tut es. Aber Ihr müsst ihn darauf hinweisen, dass es durchaus möglich ist, alle Nahrungsmittel, die er braucht, auf sehr engem Raum zu erzeugen, zum Beispiel in einem großen, ans Wohnhaus angebauten Gewächshaus und fünfhundert Quadratmeter Land, die vollständig von einem Elektrozaun abgeschlossen sind. Schlagt ihm vor, sein Gartenland äußerst intensiv zu bewirtschaften. Es gibt Plätze in Australien, die wir als Naturschutzgebiete bezeichnen. Ich kenne eines, bei dem sämtliche 385 Besitzrechte des Gebietes Gruppen gehören, die ein gemeinsames Ziel haben. Sie haben sich freiwillig darauf beschränkt, von fünfhundert Quadratmetern zu leben, und sie tun es auch. Die ganze Gegend ist deshalb ein gigantisches Wildreservat mit Tausenden von Kängurus und Opossums. Jeder Mensch aber, der dort leben will, muss sich – und das ist inzwischen Gesetz – mit fünfhundert Quadratmetern bescheiden. Das ist durchaus möglich. Man kann viel Essen unter Glas erzeugen. Dann braucht man sich auch nicht um Bären oder Waschbären zu sorgen. Ihr könntet auch versuchen, Euren Klienten dazu zu bringen, sein Geld durch die Nutzung des Waldes zu verdienen und seine Nahrung zu kaufen.

Wenn er das aber nicht will, dann rodet eben viertausend Quadratmeter und sorgt dafür, dass wenigstens das dabei anfallende Holz bestens genutzt wird.

Zonen

Kern ist das Wohnhaus

Der Wohnraum für den Menschen bildet den Kern des Systems. Das System kann aus einer Siedlung, einem Dorf, einer Stadt, einem Haus oder einer bescheidenen Höhle im Fels bestehen.

Um diesen Kern herum bilden wir Zonen. Diese Zonen sind nicht wirklich durch konzentrische Kreise begrenzt. Ihr könnt sie markieren, wie Ihr wollt. Aber ich möchte darauf hinweisen, dass sie nicht begrenzt sind. Das Konzept der Zonen ist eine praktische, abstrakte Methode, sich mit Entfernungen vom Kern des Systems zu befassen.

In einem Permakultur-Design repräsentieren Zonen in Wirklichkeit Stellen, an denen Ihr Euch häufiger oder seltener aufhaltet, und die nenne ich Zone 1, Zone 2, Zone 3 und so weiter, um sie identifizieren zu können. Tatsächlich habe ich Leute gesehen, die versucht haben, diese Zonen mit kreisförmigen Zäunen zu bauen, aber so hatten wir uns das nicht gedacht. Natürlich funktioniert das bestens. Aber so hatten wir uns das wirklich nicht gedacht.

Ich spreche hier über Entfernungen vom Kern des Systems. Was am weitesten entfernt ist, sollte die wenigsten Besuche erfordern. Die am seltensten besuchte Stelle in der Nähe eines Hauses kann direkt unter einem Fenster liegen. Sie ist weiter entfernt als zum Beispiel die Stelle vor dem Stall. Denn wir gehen andauernd zum Stall, allein zweimal am Tag zum Melken. Und wir haben wahrscheinlich noch zwei oder drei andere Gründe, da hinzugehen. In Wirklichkeit ist uns also das Stück Land vor dem Stall viel näher als das unter dem Fenster. Oft habt Ihr an Eurem Haus irgendwo eine Stelle, die Ihr kaum jemals zu sehen bekommt. Und wer von Euch tausend Quadratmeter Land besitzt, kann vielleicht ein Achtel davon abgrenzen, das er fast nie besucht. Da geht Ihr vielleicht einmal im Jahr hin. Und wenn Ihr achtzig Hektar besitzt, werdet Ihr einen großen Teil davon nie betreten.

Kurze Wege

Zone 1 umfasst die Plätze, wo Ihr immer seid, wo Ihr täglich hingeht. Das ist in der Nähe der Eingänge zu Eurem Haus und entlang der normalerweise benutzten Wege zu allen anderen Objekten, wo Ihr häufig hingeht. Ihr müsst die Gebiete in Zone 1 eindeutig definieren. Ihr platziert dort kleine Pflanzen, kleine Tiere und energieintensive und höchst produktive Einheiten, die für die Selbstversorgung am wichtigsten sind.

Einjährige Pflanzen, die intensiv genutzt und deshalb dauernd abgeerntet und nachgesät werden, mehrjährige Pflanzen, die ständig Erträge bringen, kleine Tiere, um die man sich dauernd kümmern muss – Kälber, Hühner und Entenküken. Je mehr Aufmerksamkeit sie brauchen, desto näher bringt Ihr sie her. So einfach ist das. Wenn Ihr das bewusst plant, dann ist es erstaunlich, wie sich die Produktivität des Grundstückes verbessert.

Ich sage Leuten oft, sie sollten sich ein großes Büschel Petersilie in sechs Meter Entfernung vorstellen. Ihr habt gerade Suppe gemacht. Ihr schaut aus dem Fenster und es regnet und Ihr habt Eure Hausschuhe an und Lockenwickler im Haar. Ihr werdet Euch nicht umziehen, um sechs Meter zur Petersilie zu gehen und sechs Meter wieder zurück. Also verzichtet Ihr auf die Ernte. So etwas geschieht sehr häufig. Ihr pflanzt so viele Sachen, die Ihr nie erntet und die nicht die Aufmerksamkeit erhalten, die sie brauchen, weil sie nicht da sind, wo Ihr sie seht.

Genauso ist es mit dem Gewächshaus. Es ist ein sonniger Morgen. Der Tag beginnt gerade richtig heiß zu werden und niemand hat die Lüftungsklappen im Dach geöffnet. Die Sämlinge fangen gerade an zu kochen ... und alles nur, weil das Gewächshaus da hinten ist, hundert Meter entfernt.

Das Gebiet von Zone 1 erstreckt sich nicht weiter als sechs bis neun Meter vom Haus entfernt und es geht nicht einmal um das ganze Haus. Tatsächlich sprechen wir hier von einer kleinen Fläche, die nicht einmal unbedingt ganz bis zur Rückseite des Hauses reicht. Und man kann, wenn man es auch nur halbwegs vernünftig anstellt, fast alle Nahrungsmittel von dieser kleinen Fläche ernten.

Frösche

Es ist schön, einige kleine Teiche mit 1,20 Meter Durchmesser in Zone 1 zu haben, einer davon sollte nahe bei einem Weg liegen. In diesem wächst Brunnenkresse. Das ist ein Teich, dem Ihr das Essen pfundweise entnehmen könnt. Und er ist voller Kaulquappen, der Teich ist sozusagen Euer Froschzentrum. Fünfzehn bis zwanzig Liter Kaulquappen, und Ihr habt viele Freunde ... und es ist auch leicht, genau den Frosch auszuwählen, den Ihr haben wollt. Wenn Ihr

Frösche haben wollt, die oben in den Bäumen leben, nehmt Ihr Kaulquappen, die an der Wasseroberfläche schwimmen. Wenn Ihr Frösche zwischen den Kohlköpfen haben wollt, nehmt Ihr Kaulquappen aus den mittleren Wasserschichten. Und wenn Ihr Frösche wollt, die in Eurem Mulch herumlaufen und Nacktschnecken fressen, dann müsst Ihr die Kaulquappen vom Teichboden nehmen.

(Frösche aus anderen Teilen der Welt mögen sich vielleicht weniger verlässlich verhalten als australische Frösche; Anmerkung des Herausgebers der amerikanischen Originalausgabe D.H.)

Der Grund dafür ist folgender: Eure hochlebenden Kaulquappen, Eure Baumfrosch-Kaulquappen, das sind die frei schwimmenden Kaulquappen, und Kaulquappen werden im Wasser in ähnlicher Weise Schichten bilden wie die Frösche in der Umwelt. Die Baumfrosch-Kaulquappen sind leicht, sie sinken nicht nach unten. Die Frösche, die sich eingraben und in der Waldstreu herumwühlen, deren Kaulquappen gehen im Wasser unter. Sie müssen kräftig schwimmen, um an die Wasseroberfläche zu kommen, und tun das nicht oft. Sie leben im Teich so, wie die Frösche an Land leben, nämlich unter Mulch. Ihr braucht also nur zu wählen!

Wenn Ihr Kinder ausschickt, um Kaulquappen zu holen, werden sie nur hochlebende Frösche heimbringen, weil sie niemals bis zu den bodenlebenden Kaulquappen vordringen. Diese Kaulquappen am Teichboden haben stark pigmentierte Schwänze und die Frösche sind ebenfalls stark pigmentiert. Die Kaulquappen haben veränderliche Farben und die Frösche genauso. Sie nehmen die Farbe ihrer Umgebung an.

Große Baumfrösche klettern bis in eine Höhe von zweieinhalb Metern. Mittelgroße Baumfrösche leben in Sträuchern und Büschen und die kleinen Baumfrösche sind diejenigen, die auf Euren Kohlköpfen sitzen.

Der einjährige Garten

Wenn Ihr mit Mulch gärtnert, ist der Boden innerhalb von Zone 1 vollständig gemulcht. Nackte Erde gibt es da nicht. Wenn Ihr zu den »Dreifach-Umgrabern« gehört, sind auf der ganzen Fläche Beete angelegt. Mit all diesen Methoden lässt sich gutes Gemüse erzeugen.

Es steht Euch offen, welche Methode Ihr benutzt. Das hängt davon ab, was zu Euch passt. Ich bin faul – Flächenmulch passt zu mir. Ihr strotzt vor Kraft, deshalb passt dreifaches Umgraben zu Euch. Ihr seid auch noch jung.

Wenn Ihr älter werdet, wird Flächenmulch auch zu Euch eher passen. Die angewandte Technik ist also nichts Feststehendes. Sie ist abhängig von den Umständen, den Ressourcen, dem Alter, von Neigung und Überzeugung. Am wichtigsten ist die Überzeugung. Und es macht ja wohl nichts, den Leuten manchmal ihre Überzeugungen zu lassen – wenn es sich um harmlose Überzeugungen handelt.

Das ist also der einjährige Garten. Eigentlich gibt es zwei Klassen von Pflanzen im einjährigen Garten – solche, die Ihr ständig oder doch häufig beerntet, was im Wesentlichen für die Küchenkräuter zutrifft, und solche, die häufig Erträge bringen, wie Brokkoli, Petersilie und die meisten Salatpflanzen. Wenn Ihr vom Brokkoli nichts erntet, produziert die Pflanze weniger. Und wenn Ihr erst um eine Ecke gehen müsst, um zu Eurem Brokkoli zu gelangen, ist oft die Hälfte davon schon in Samen geschossen.

Bei einer anderen Klasse von Gemüsepflanzen wird die Pflanze ganz entfernt, wenn man sie erntet. Das sind die Pflanzen, von denen man Knollen, Wurzeln oder Köpfe erntet. Stangensellerie nimmt eine Zwischenstellung ein, je nachdem, wie man damit umgeht. Wir pflanzen Stangensellerie immer an die Wege, weil wir immer nur zwei Stangen auf einmal ernten. Ich habe noch nie in meinem ganzen Leben mehr als zwei Selleriestangen auf einmal verwendet. Andererseits kenne ich Leute, die die ganze Pflanze auf einmal abernten. Für sie ist Stangensellerie eine kopfbildende Pflanze. Für mich ist es eine Pflanze, von der ich immer mal etwas abpflücke. Solche Pflückpflanzen stehen in der Nähe der Pfade. Die Pflanzen, die man ganz abschneidet, stehen dahinter. Es gibt nichts Dümmeres, als durch eine Gruppe von Kohlköpfen hindurch zu müssen, wenn man Petersilie will, und nichts ist logischer, als Pfade mit Petersilie zu begrenzen, sodass man das andere System nur ein- bis zweimal in der ganzen Zeit betreten muss. Es ist von außerordentlicher Bedeutung, dass Ihr plant, wohin Ihr die Pflanzen setzt, sodass Euer

System vollständig gemulcht werden kann, einen hohen Umsatz entwickelt, hauptsächlich aus einjährigen Pflanzen besteht, einigen Mehrjährigen und einigen Zweijährigen.

Ständig versuchen Eindringlinge in dieses System hineinzukommen. Es ist sehr attraktiv für Unkräuter und Tiere. Sobald Ihr also beschlossen habt, wo seine Grenzen liegen sollen, ist es angebracht, dort eine Grenzanlage hinzusetzen. Dazu benutzt Ihr einen Satz von Pflanzen, die Eindringlinge nicht durchlassen. Ihr könnt kleine Teilflächen ungeplant belassen, sodass die Leute, wenn sie wollen, sich dort ausbreiten können oder Dinge da hintun können, die ihnen aus ästhetischen Gründen wichtig sind.

Möglichkeiten und Fehler

Jetzt gehen wir in Zone 2. Wenn Ihr nicht über ganz außergewöhnliche Ressourcen verfügt, wird es ausgeschlossen sein, auch in Zone 2 ein vollständig gemulchtes System anzulegen. Zwei von uns Mulchern haben am *Orange Bathurst Agricultural College* zwei verschieden gemulchte Gärten angelegt, damit die Landwirtschaftsstudenten sie anschauen und durch Messen und Wiegen mit ihren Gärten vergleichen konnten, bei denen die Erde nackt war. Unsere waren so gut – das Gemüse schmeckte besser als bei ihnen und der Ertrag war viel höher. Einer von den Studenten ist sofort nach Hause gegangen und hat über zwei Hektar so angelegt!

Gewöhnlich ist es so, dass die Leute ein Haus bauen und dann herumlaufen und nach einem guten Platz für einen Garten suchen. Wenn sie einen gefunden haben, legen sie ihren Garten dort an. Irgendwo bauen sie noch ein Gewächshaus und einen Hühnerstall. Dann sind ihre Kräfte verbraucht. Sie müssen ihren Dünger in den Garten schaffen. Sie legen irgendwo einen Obstgarten an und versuchen verzweifelt, den zu beschneiden. Sie hatten niemals genug Zeit oder ausreichendes Verständnis, die Sache anständig zu planen.

Viele Leute haben ein kleines Häuschen in einem Vorort, das umgeben ist von Blumen und Rasen und Ziersträuchern. Hinter dem Haus, irgendwo in der Ecke, diskret hinter einem Spalier verborgen, ist der Platz, wo sie Feuer machen, und ein bescheidener Gemüsegarten.

Ihr erkennt das Muster. Es ist so universell, dass Ihr Eure Nachbarn total verblüffen würdet, wenn Ihr in den Rasen hier einen Kohlkopf setzen würdet.

Ein Mann in Tasmanien hat vier Kohlpflanzen in seinen Vorgarten gepflanzt. Der Gemeinderat schickte sieben Männer mit zwei Lastwagen, um sie entfernen zu lassen. Der Laster fuhr vor, die Männer sprangen heraus, nahmen langstielige Schaufeln, gruben seine Kohlpflanzen aus, warfen je zwei in die beiden Lastwagen, standen noch eine Weile herum und rauchten Zigaretten. Diese Herausforderung durch einen Bürger wurde mit großer Machtentfaltung zunichtegemacht. Kohl in den Vorgarten zu pflanzen, war einfach unanständig von ihm, total unanständig.

Aber warum sollte es eigentlich unanständig sein, wenn Ihr etwas Nützliches in der vorderen Hälfte Eures Grundstücks habt oder in der Nähe Eures Hauses, wo die Leute es sehen können? Warum beeinträchtigt es Euer Ansehen, wenn Ihr dieses Gebiet so gestaltet, dass es nützlich ist? Die Ursache dafür ist in England zu suchen und in der ganzen britischen Landschaftsethik. Aus der britischen Tradition ist der ganze Berufsstand der Landschaftsgestalter erwachsen, und zwar nicht nur in der englisch sprechenden Welt, sondern weit darüber hinaus. In Gegenden, in denen es niemals Landschaftsgärtner gegeben hat, existiert diese Trennung nicht. Womit wir es zu tun haben, sind in Wirklichkeit winzige englische Landsitze, angelegt für Leute mit Bediensteten. Diese Tradition ist in die Großstädte und auf Tausend-Quadratmeter-Grundstücke übertragen worden. Das Präsentieren einer nichtproduktiven Fassade ist zu einem Statussymbol geworden.

Auch mit dem Rasen ist es spannend. Es gab ja schon Rasen, ehe es Rasenmäher gab. In Indien gibt es heute noch Rasen ohne Rasenmäher. Ich habe fotografiert, wie der Rasen vor dem Taj Mahal geschnitten wird. Sechsunddreißig Witwen hatten kleine Messer. Die Witwen rutschten auf ihren Knien voran und schnitten das Gras mit ihren kleinen Messern ab. Wenn Ihr einen Rasen seht, dann habt Ihr tatsächlich ein Machtsymbol vor Euch.

Die Kernfamilie heutzutage ist kleiner, aber das Haus ist größer. Das kinderlose Paar muss sich schwer anstrengen, um da noch mitzuhalten. Das Paar ist nämlich nicht nur Lord und Lady des Hauses, gleichzeitig sind sie die einzigen Arbeiter auf dem Grundstück. Sie sind wirklich in einer schrecklichen Falle gefangen. Sie benutzen den Rasen überhaupt nicht. Sie haben keine Zeit, da hinzugehen und sich daran zu freuen. Sie sind also gegenwärtig in einer schwierigen Lage. Das ist Landschaftsarchitektur. Das ist die gesamte Grundlage der Landschaftsarchitektur, ein Statussymbol.

Nun, viele Leute haben damit angefangen, dies einfach zu ignorieren. Ich habe einen Freund, der das ganze System nach vorne in seinen Vorgarten gebracht hat, von wo aus es sich bis auf den Bürgersteig ausgebreitet hat. Da müsst Ihr mitten auf der Straße durch Kürbisse waten.

Ein anderes Beispiel: Ich ging einmal eine Straße in Perth entlang und an einer Ecke wurde die Gegend plötzlich lebendig. Bohnen und Erbsen und alle möglichen Rankgewächse wuchsen entlang der Fußwege und kletterten an Bäumen empor. Das sah aus wie ein Garten Eden in dieser Wüste von Statussymbolen.

Beim *Dorfprojekt Davis* sind neunzig Prozent der Landschaft in irgendeiner Weise genutzt. Aber es braucht ja nicht alles nützlich zu sein. Es gibt keinen Grund, warum Kohl und Narzissen nicht zusammen wachsen sollten. Gladiolen eignen sich gut zur Mischkultur mit Zwiebeln, also pflanzt die beiden zusammen, anstatt die Gladiolen vor dem Haus und die Zwiebeln hinter dem Haus zu haben. Ringelblumen und Studentenblumen machen sich überall gut. Dasselbe gilt für Kapuzinerkresse, deren Wurzeln alles angreifen, was nach weißer Fliege *(Homoptera)* aussieht. Andererseits vertragen sich die Wurzeln zum Beispiel sehr gut mit denen von Tomaten. Wenn Ihr Eure Blumen aus dem Gemüsegarten ausrupft, wird Euer Schädlingsproblem schlimmer. Nun, wir sind die Pioniere der neuen Ethik. In warmen Gegenden können wir sogar einen Zitronenbaum in Zone 1 haben. Der Zitronenbaum wird täglich beerntet, Zitronen benutzt man dauernd. Dasselbe gilt für den Limonenbaum. In den Tropen und selbst noch in Tasmanien brauchen die Leute jeden Tag ein paar Limonen.

Wir müssen daran denken, dass wir auch in Zone 1 Wege brauchen und Platz zum Aufbewahren von Mulch, ob dieser nun kompostiert werden oder zum Mulchen verwendet werden soll. Wir wollen, dass dafür Platz reserviert wird und dass dieser Platz möglicherweise so angelegt wird, dass er nicht ins Auge fällt.

Aus verschiedenen Gründen schlage ich vor, dass diese Zone von der Umgebung abgegrenzt wird. Ein Grund ist der, dass wir die Gegend gut geschützt haben wollen, weil sie den höchsten Durchfluss von Energie aufweist und praktisch die gesamte Nahrungsmittelversorgung übernehmen kann. Der zweite Grund ist der, dass wir nicht wollen, dass Quecken eindringen. Wir müssen uns also entscheiden, was für Pflanzen wir in den Grenzstreifen pflanzen wollen. Welche Eigenschaften sollen sie haben? Es wäre gut, wenn sie feuersicher wären. Weiterhin wäre es gut, wenn es unter den Pflanzen dunkel wäre und wenn diese selbst daran angepasst wären, mit wenig Licht zu wachsen, während unter ihnen nichts mehr wachsen könnte. Sie sollten außerdem sowohl in Zone 1 als auch in Zone 2 irgendeinen Nutzen haben. Innerhalb von Zone 2 könnten sie vielleicht als Tierfutter nützlich sein, in Zone 1 als Dünger für unseren Garten

Abgrenzung von Zone 1

Ihr könntet Zone 1 einzäunen, besonders wenn die Gefahr besteht, mit Tieren in Konflikt zu geraten. Ein sehr einfacher und gleichzeitig der billigste Schutz ist ein Zaun aus Drahtgeflecht, der in den Boden eingelassen ist, verstärkt durch einen einzelnen elektrisch geladenen Draht, der zehn Zentimeter über dem Zaun auf der Außenseite angebracht ist. Ich kenne kein Tier, das einen solchen Zaun überwindet, ob unterirdisch, ebenerdig oder durch Klettern. Wenn der Zaun sechzig Zentimeter tief in die Erde eingelassen ist, wird das Wühlmäuse, Maulwürfe und ähnliche Tiere stoppen. Wenn Ihr nicht mit solchen zu tun habt, legt ein Stück Zaun auf der Außenseite flach auf den Boden und legt einen Stein drauf. Benutzt eine Maschenweite von zweieinhalb Zentimetern. Ein neunzig Zentimeter hoher Zaun sollte ausreichend sein für alle Tiere außer Rehen und Hirschen. Für Rehe braucht Ihr einen höheren Zaun.

Für die Grenzpflanzen von Zone 1 brauchen wir einen wohldefinierten Satz von Kriterien: Sie sollten ein guter Windschutz sein, nicht brennbar und nur einen spärlichen Unterwuchs erlauben. Einige Sonnenblumenarten und Topinambur eignen sich gut, wenn man sie in einem etwa 1,20 Meter breiten Streifen anpflanzt. Sie lassen sich wirklich schnell etablieren. Sie erfüllen ihre Aufgabe schon in dem Jahr, in dem sie gepflanzt wurden. Eine Hecke aus Erbsensträuchern *(Caragana arborescens)* würde eine gute Grenzpflanzung ergeben. Wenn Ihr sie beschneidet, könnt Ihr den Zweigschnitt unmittelbar im Gemüsegarten als Mulch verwenden.

Legt Eure Grenzpflanzung innerhalb des Zaunes an. Gibt es außerhalb Weidetiere, die davon fressen, liefert ihnen die Grenzpflanzung wertvolle Nahrung und wir brauchen sie auf dieser Seite nicht zu beschneiden. Wenn wir sie auf der Innenseite beschneiden, erhalten wir ein Mulchmaterial, das reich ist an Kali und Stickstoff und im Garten schnell verrottet. Wir können es in Gräben legen, Erde darüber tun und darin Bohnen oder Erbsen anbauen oder wir können es einfach unter unseren Mulch mischen.

Wenn wir unsere Pflanzung als Windschutz anlegen, dann in dem der Sonne gegenüberliegenden Sektor. Wir brauchen uns also keine Sorgen um den Schatten zu machen, den diese Pflanzen werfen. Es lohnt sich, auch innerhalb des Gartens kleine, dauerhafte Anlagen zum Windschutz zu platzieren. Ich glaube, dass unsere Kriterien vielleicht am besten erfüllt werden von Topinambur, Erbsensträuchern und Beinwell. Was wir wollen, ist eine Pflanze, die weich ist, leicht zu stutzen, stickstoffhaltig, reich an Kali und vorzugsweise alkalisch. Wenn Ihr mit einem solchen Satz von Bedingungen da herangeht, werdet Ihr vielleicht fünfzig Pflanzen finden, die für diese Grenzbepflanzung geeignet sind. Diese Pflanzen müssen außerdem eine totale Barriere bilden und es allen anderen Pflanzen unmöglich machen, unter ihnen zu wachsen, wir wollen Unkrautfreiheit. Die einzigen Unkräuter, die wir zulassen, sind einige Löwenzahnarten und einige Kleepflanzen für Tee und Salat. Wir haben in Zone 1 sonst keine Unkräuter.

Zone 1 wird also sorgfältig kontrolliert und ist unkrautfrei. Ich finde es auch gut, wenn dort absolut keine Gartenarbeit anfällt. Hauptsächlich essen wir davon. Wir vollenden diese Zone mit wohlplatzierten, unregelmäßigen Eingängen, die als kleine, quer zum Wind gelegene Spaliersysteme angelegt sein können. Ihr könnt das richtig hübsch gestalten, sodass Ihr schräg und quer zum Wind hindurchgehen könnt. All dies ist von entscheidender Bedeutung für die Produktion in Zone 1.

Innerhalb dieser ersten Zone solltet Ihr noch Raum lassen, in den das System expandieren kann. Zone 1 kann wachsen oder schrumpfen, je nachdem, wie viel Rückenschmerzen Ihr habt, wie alt Ihr seid und wie viele Kinder Ihr gerade beherbergt. Euer Klient mag zu Anfang einen sehr großen Garten haben wollen und sich dann langsam, aber sicher umstellen, bis er gegen Ende seines Lebens nur noch einen kleinen Garten haben will, weil sein Garten aus mehrjährigen Pflanzen inzwischen trägt. Es gehört zu den Eigenschaften von Permakultur, dass Ihr sie an Euer Alter anpassen könnt. Die Erträge wachsen und das Umgraben nimmt ab.

Pflanzen in Zone 2

Zone 2 ist nicht vollständig gemulcht. Sie kann Hauptertragssysteme enthalten. Hauptertragssysteme sollten nicht in dem kleinen Gebiet des Gemüsegartens sein. Hauptertragssysteme sind Dinge, von denen Ihr viel verbraucht, viel lagert, die Ihr vielleicht auf einen Schlag erntet oder doch nach drei Besuchen vollständig abgeerntet habt. Pflanzt einige Tomaten in Zone 1, aber wenn Ihr fünfzig Pflanzen habt, dann werdet Ihr die nicht täglich beernten, sondern Ihr werdet sie zwei- oder dreimal durchpflücken und dann irgendwann die ganzen Pflanzen ausreißen, in einem Gebäude aufhängen und nachreifen lassen. Die für Lagerung und Winterverbrauch angebauten Gemüsekürbisse kommen in Zone 2, während die für den unmittelbaren Verbrauch angebauten Sorten einschließlich Zucchini in die Nähe der Petersilie kommen. Ihr pflückt da immer mal was ab. Ihr könntet jede beliebige Pflanzenliste durchgehen und jede Pflanze sehr schnell ihrer funktionellen Zone zuweisen. In Zone 2 könnte man Pflanzenreihen anstelle von Beeten verwenden. Mulchen ist da nicht notwendig. Wenn Ihr über viel kostenloses Mulchmaterial verfügt, dann mulcht auch hier. Sonst haltet es durch mechanisches Kultivieren unkrautfrei.

Ich würde Erdbeeren in Zone 2 platzieren. Einige könntet Ihr auch in Zone 1 setzen. Spargel gehört ganz bestimmt in Zone 2. Er hat eine sehr kurze Saison. Übrigens könnte es sinnvoll sein, die

Heckenbarriere so anzulegen, dass sie die Spargelbeete und andere zu mulchende Pflanzungen mit umfasst.

Im Wesentlichen besteht Eure Aufgabe aber darin, angemessene Entfernungen festzulegen. Und Ihr müsst, was Ihr tut, bewusst tun. Wenn Ihr das macht, zahlt es sich hundertfach aus. Jedes Mal, wenn ich mich nicht an meine eigenen Regeln halte – und das kommt vor –, bereue ich es. Zone 1 ist für Salat, Spinat, grüne Bohnen, Stangenbohnen – die Sachen, die Ihr jeden Tag pflückt und für die Ihr hinausgeht. Zone 1 sollte jede Menge Petersilie enthalten. Ich habe noch nie jemanden gesehen, der genug Petersilie hatte.

Himbeeren würde ich in Zone 2 tun, vielleicht in dreizehn Meter Entfernung. In der Saison seid Ihr da jeden Tag und sie sind noch nicht zu weit entfernt.

Kürbisse können überall wachsen. Ich habe sie in einer Entfernung von knapp zwei Kilometern am Rande eines Sumpfes angebaut, wo ein hübscher Platz war. Lasst sie einfach die Bäume hinauf wachsen und erntet, was Ihr kriegen könnt.

Blaubeeren in kleinen Mengen gehören in den Hausgarten. Wer fünfzig Blaubeerpflanzen hat, hat schon fast ein kommerzielles Unternehmen. Dasselbe gilt für zweihundert Erdbeerpflanzen. Ihr werdet viele Eimer voll zu verschenken haben. Bei noch mehr Pflanzen müsstet Ihr anfangen, die Beeren zu verkaufen, und acht bis zehn Arbeitsstunden wöchentlich investieren.

Jedem Tier seinen Platz

Ihr solltet eines tun, und zwar eine Fläche unter Glas bringen. Gleichgültig, ob Euer Design für eine Renovierung oder für einen Neubau ist. Richtet es so ein, dass Ihr von der Küche ins Gewächshaus gehen und vom Abwaschplatz direkt hineinsehen könnt. Bringt etwas Leben in Euer Gewächshaus – eine Schar kleiner Wachteln beispielsweise –, sodass Ihr nicht auf ein statisches Bild schaut. Die kleinen Wachteln kommen und gehen, einige tummeln sich im Staubbad. Frösche werden am Küchenfenster hinaufklettern. Wenn Ihr irgendwo steht und eine langweilige Arbeit verrichten müsst, dann ist es fürchterlich, auch noch auf eine nackte Wand schauen zu müssen. Aber wenn Ihr Euch dieses äußerst interessante System anschauen könnt, macht Euch die Arbeit gar nichts mehr aus. Es ist uns gelungen, das in praktisch jedem Haus, an dessen Design wir mitgewirkt haben, so einzurichten. Mir gefällt das. Immer, wenn ich mal wieder in eines dieser Häuser komme, gehe ich hin und schaue durch diese Fenster. Tut eine kleine Schildkröte – aber keine Schnappschildkröte – in den Teich. Sie verschwinden oft im Mulch und kehren dann in den Teich zurück. Wenn etwas Lebendiges da ist, gibt das ein gutes Gefühl. Eine kleine Schildkröte, die im Mulch lebt, wird Würmer und Nacktschnecken fressen. Es ist gut, Schildkröten da drin zu haben. Aber der Gecko ist unübertroffen. Der ganz normale Gecko ist für Gewächshäuser wie geschaffen. Er gelangt überall hin in einem Glashaus, kopfüber, kopfunter, im Kreis herum.

Sofern irgend möglich, sollte der Auslauf von düngerintensiven Tieren wie Hühnern in Zone 2 sein, ihr Stall aber am Rand von Zone 1 oder zumindest in der Nähe. Was wir hier tun, ist die planvolle Ausbeutung eines größeren Systems (Zone 2) zur Bereicherung eines kleineren (Zone 1). Als Mittler benutzen wir dabei Tiere.

Wenn Euer Klient auf einem Hang wohnt und plant, Ziegen zu halten, dann könnt Ihr im Ziegenstall ebenso wie im Hühnerstall einen Gitterrostfußboden verwenden. Darauf kann man gut gehen. So etwas eignet sich auch gut für matschige Stellen, etwa am Eingang zum Haus. Verlegt einfach drei Meter davon. Der Matsch fällt durch.

Wir raten unseren Klienten, diese Ställe nie ganz in den Hang einzulassen, sondern sie überstehen zu lassen und einen Gitterrostfußboden zu verwenden. Schaut Euch dann mal den Rand von Zone 1 an! Wenn Ihr in einem Kohlbeet arbeitet, könnt Ihr Eure Harke zur Hand nehmen und Dünger unter dem Hühnerstall hervorholen. Das funktioniert sehr gut. Wir haben mehrere derartige Systeme entworfen. Alle waren sehr zufrieden damit. Sie haben immer trockenen Mist und geschnitzelte Einstreu vorrätig, die sie in den Garten bringen können.

Die Tiere weiden in Zone 2. Wenn es sich um Milchziegen handelt, lässt sich in Zone 2 leicht ein Korridor anlegen, der zur eigentlichen Weide in Zone 3 führt. Am Rande des Korridors kann Kamtschatkarose *(Rosa rugosa)* stehen, eine Pflanze, die gut für Milchziegen ist. Pflanzt man sie gerade außerhalb eines grobmaschigen Maschendrahtzaunes, dann werden die Ziegen die ganze Beschneidearbeit übernehmen, wenn sie durch den Korridor kommen. Oft ist es möglich, Hühner und Enten ganz in Zone 2 zu halten. Wir platzieren die Ställe der kleinen Haustiere, die unsere tägliche Aufmerksamkeit erfordern, aber auch den Stall der Milchkuh so nahe am Haus wie möglich. Man kann sie ohne große Probleme nahe heranholen. Man kann sie direkt dahin holen, wo man den Mist verwendet und keine Transportprobleme damit hat. Mit dem Schwein würde ich nicht näher herankommen als etwa bis zum äußeren Rand von Zone 2. Wenn Schweine auf engem Raum gehalten werden, sind sie ziemlich schmutzig. Es kommt darauf an, wie viel Weide man hat. Wenn Schweine ihren Auslauf auf Gras haben, sind es wirklich saubere Tiere und dann können sie ihren Stall auch nahe am Haus haben.

Zone 2 enthält den Obstgarten mit beschnittenen Bäumen, die Hauptertragssysteme, Systeme mit dünn aufgetragenem Kompost und nur stellenweise Mulch sowie nur leicht gedüngte Systeme. Zone 2 enthält die Nahrungsmittel, die das meiste von dem ausmachen, was der Klient für den Winter lagert, sowie eine Menge von zusätzlichen Elementen und Kleintierprodukten. Das System ist so angelegt, dass die Nährstoffe mit hohem Umsatz in die Zone mit hohem Umsatz kommen.

Wenn wir Eicheln sammeln und den Hühnern bringen, liefern sie uns dafür eine Menge wertvollen Düngers und wertvollen Mulch. Nussschalenmulch ist sehr wertvoll. Er ist normalerweise alkalisch und enthält viel Kalzium. Wir sammeln also in den äußeren Zonen relativ geringe Mengen von Material, das dann von den Tieren für den Gebrauch in Zone 1 aufbereitet wird.

Bislang haben wir bei unseren Betrachtungen über Zonierung noch nichts darüber gesagt, wie man diese Systeme dreht. Wir fangen an, indem wir herumspielen. Wir setzen Elemente auf Kreisscheiben und drehen die Scheibe im Kreis, um zu sehen, wie sie zueinander passen. Ich will jetzt noch nicht mit dem Drehen anfangen. Aber Ihr könnt schon einmal damit anfangen, die Elemente aufzulisten: beschränktes Mulchen, Obstgarten als Hauptertragssystem und reine Haustiere, von denen es nicht sehr viele gibt. In China beispielsweise sind das hauptsächlich Ente und Schwein. Wir werden Hühner hinzufügen. In Asien wird die Wachtel dazugehören, in Südamerika das Meerschweinchen, in Westeuropa und vielleicht auch Neuseeland Gänse. Tauben sind in vielen Ländern wichtig. Wer sich auf Landkarten die Namen anschaut, kann sehen, dass Tauben früher auch ein Element dieser Kultur waren. Wenn »cot« oder »cote« Teil eines amerikanischen Ortsnamens ist, wurden da früher Tauben gehalten.

Wir erschaffen einen biologischen Trichter. Mit voller Absicht erzeugen wir einen Nährstoffwirbel. Wir dehnen die Regeln. Alle bewirtschaften das Land, tun genau das Gleiche, was wir auch tun. Tiere tun das Gleiche. Der Emu mag einer der ersten Landwirte gewesen sein. Und schaut Euch den Biber an. Er weiß, was er tut.

Die Grenzen dieser Zonen sind wirklich imaginär. Wenn Ihr eine Milchkuh in Zone 2 halten wollt, kann diese Zone achttausend Quadratmeter groß werden. Aber trotzdem ist das eine sehr beschränkte Fläche, achttausend Quadratmeter sind die oberste Grenze. Wer viertausend Quadratmeter wirklich kontrolliert, kann zweifellos eine Menge Leute versorgen.

Grundstücksgröße und Lebensunterhalt

Habt Ihr jemals in Eurem Leben den Fehler gemacht, ungefähr zwei Hektar Land zu pflügen und mit Gemüse zu bepflanzen? Ich habe das getan. Ich bin auf meinen nagelneuen Traktor gesprungen, habe fünf Hektar besten Boden umgepflügt, Massen von Samen eingekauft und dann die ganze Fläche allein bepflanzt. Später habe ich dann nur noch ungefähr viertausend Quadratmeter eingesät. Ich wurde reich und ernährte Hunderte von Leuten von diesen viertausend Quadratmetern.

Achttausend Quadratmeter sind also genug für unser System. Es enthält eine Vielzahl von Elementen, die das Leben lebenswert machen, ein paar Bäume mit Äpfeln und die Eier von Euren Hühnern. Wenn Ihr diese achttausend Quadratmeter durchgehend gestaltet, dann habt Ihr ein sehr produktives System.

Manche Leute nehmen alles Geld, das sie brauchen, von fünfhundert Quadratmetern ein. Andere brauchen dazu zweihundert Hektar. Die Multinationalen würden mehrere Millionen Hektar benötigen, verteilt über die ganze Erde.

Wenn Ihr die Sache durchdenkt, könnt Ihr Euren Lebensunterhalt aus einer sehr kleinen Fläche verdienen. In der Nähe von Melbourne, einer Stadt, die etwa so groß ist wie Boston, lebt ein Mann, der die Stadt mit Petersilie versorgt. Wenn Ihr nun in Boston herumgeht, werdet Ihr nicht viel Petersilie zu sehen bekommen, außer am Rande von Tellern, als Garnitur in Metzgereien, als Gewürz in Salat, eben kleine Mengen hier und da. Ein großer Teil davon wird gar nicht gegessen. Ich esse meine Petersilie immer, aber viele Leute lassen sie auf dem Teller liegen. Dieser Mann also erntet jeden Tag, das ganze Jahr über zwei Kästen voll Petersilie und verdient wirklich sehr gut dabei.

Es gibt noch eine Geschichte von einem ehemaligen Büroangestellten aus der Großstadt. Ein Bauernhof zwischen den Hügeln mit gut drei Hektar Land und einem bescheidenen kleinen Haus wurde zum Verkauf angeboten. Der Vorbesitzer war gestorben. Der Büroangestellte hatte gerade genug Geld, um die Anzahlung zu leisten. Er wollte aus der Stadt heraus, aber er hatte große Angst vor diesem Schritt. Aber dieses Grundstück war so gelegen, dass er gerade noch zu seiner Arbeitsstelle pendeln konnte. Er kaufte es an einem Dienstag und fuhr Mittwoch, Donnerstag und Freitag zur Arbeit. Als er am Freitag nach Hause kam, schaute er sich den Garten an, der ziemlich wild aussah. Also beschloss er, den Garten umzugraben. Am nächsten Morgen stand er auf, nahm seine Werkzeuge und wollte gerade anfangen, dem Durcheinander zu Leibe zu rücken, als ein vornehm gekleideter Herr erschien. Der Herr sagte: »Kann ich meine Blumen holen?« Der Mann fragte: »Wer sind Sie denn?« Der vornehme Herr antwortete: »Nun, ich bin der Bestattungsunternehmer und ich hatte mich mit dem Vorbesitzer so verständigt, dass ich hier jedes Wochenende unsere Blumen holen kann.«

Der Herr gab ihm einen Scheck über fünfzig Dollar, marschierte in das Durcheinander hinein und kam mit mehreren Ladungen Blumen wieder heraus. Das Gleiche passierte noch zweimal an diesem Wochenende.

Der Büroangestellte ist nie wieder zur Arbeit gegangen. Der Vorbesitzer hatte ein System eingerichtet, dass das ganze Jahr hindurch Blumen erzeugte. Er war reich gestorben.

Man muss eben nur versuchen, die Bedürfnisse der Umgebung richtig einzuschätzen. Mit einem gewissen Scharfsinn ergeben sich viele Möglichkeiten. Man kann in großen Maßstäben denken und tausend Stück Vieh halten oder zweitausend Hühner. Oder man kann auf zweitausend Quadratmetern so gut verdienen, dass man einmal im Jahr eine Weltreise machen kann.

Es hängt ganz von Euch ab. Wenn Ihr das Gewächshaus vergrößern und Eure Nachbarn mit einigen wichtigen Produkten versorgen wollt, dann braucht Ihr nicht einmal zweitausend Quadratmeter. Wenn Ihr auf dem Rindfleischmarkt konkurrieren wollt, müsst Ihr viel investieren. Aber wenn Ihr in einen kleinen örtlichen Markt einsteigen wollt, dann braucht Ihr nicht viel.

Wir haben alle einen gravierenden Fehler gemacht, und zwar haben wir versucht, zu viel Land in Beschlag zu nehmen, haben dann aber kein Stück davon wirklich gründlich gestaltet. Ein flüchtiger Blick über dieses Grundstück hier wird Euch zeigen, dass mindestens neunzig Prozent seiner Ressourcen ungenutzt sind, knapp zehn Prozent teilweise genutzt werden und weniger als ein Prozent wirklich effektiv genutzt wird. Es gibt also zwei Wege, die Sache anzupacken. Wenn Ihr Meter für Meter vorgeht und Euch wirklich darum kümmert, dann habt Ihr lange vor denen, die die Sache großflächig angehen, Euer Schäfchen im Trocknen.

Fast alles, was Ihr tut, funktioniert, was Ihr pflanzt, überlebt, und wenn Ihr die Fläche wirklich nutzt, habt Ihr auch kurze Wege. Wenn Ihr Euch andererseits daranmacht, großflächige Obstgärten und Hecken zu pflanzen, dann wird Eure Erfolgsrate immer schlechter, je weiter Ihr Euch ausbreitet. Ihr werdet dann viel Geld in eine Sache investieren, die doch nicht funktioniert. Als Designer solltet Ihr deshalb die Ausnutzung von Kernbereichen betonen. Allen Leuten, die ein kleines Stück Land vollständig nutzen, geht es richtig gut. Aber in dieser Gegend gibt es kein einziges derartiges Grundstück. Wir können Teile des Grundstücks einer strategischen Reserve zuweisen, sodass verhindert wird, dass der Platz für den zukünftigen Teich am Haus anderweitig genutzt wird. Wir werden diesen Platz wohl kaum mit Bäumen bepflanzen, sondern ihn für seine spätere Nutzung vorbereiten.

Welche Grenzen wir ziehen müssen, wird deutlich, wenn wir die vorgesehenen Aktivitäten analysieren. Es wird viele Grenzen geben, die nicht so einfach sind wie die Begrenzung des Gartens in Zone 1, sondern die einen Haufen Kriterien erfüllen müssen.

Zone 3

Wenn wir weitergehen, kommen wir in Zone 3, auch das ist natürlich nur eine Benennung. Hier haben wir unbeschnittene Nuss- und Obstbäume mit einem hohen Anteil an Sämlingen. Wir wenden uns der Bewirtschaftung bereits existierender Ressourcen zu. In dieser Zone veredeln die Portugiesen existierende Eichen oder sogar wilde Reben. Neben unserer Strategie der intensiven Kultivierung gehen wir hier über zu einer Strategie der Bewirtschaftung durch gelegentliche Eingriffe. Wir erfinden alle möglichen selbst erntenden Systeme. Wir verwenden einen völlig anderen Satz von Techniken. Wir sind nicht mehr ordnend, sondern anpassend tätig. Wir hören mit vielen unserer Machtspiele auf und gehen auf subtilere Weise vor.

Die Tiere in Zone 3 nähern sich der Rolle von Wildtieren. Sie haben einen anderen Lebensstil als die echten Haustiere. Ihr wählt Spezies aus, die besser für sich selbst sorgen können. Die meisten Schafe sind keine Haustiere und passen in diese Zone. Milchschafe kommen näher ans Zentrum, Wollschafe weiter nach draußen.

Darüber hinaus gibt es nur noch wenige Dinge, die wir in diese Zone einbringen könnten. Wir könnten Wasser einbringen und wir könnten Feuerholz und Bauholz einbringen. Es ist letztlich davon abhängig, was Euer Klient sich wünscht, was er für seine grundlegenden Bedürfnisse hält und was er bewältigen kann. Vielleicht gibt es Klienten, die als Hauptbeschäftigung Hirschzucht betreiben wollen. In einem solchen Fall verschiebt Ihr Zone 3 nach innen, denn der Klient hat keinen besonderen Bedarf für die Funktionen der Zone 2.

Spaß und Ärger mit Wildtieren

Zone 4 könnt Ihr durch einen Tunnel direkt mit Eurem Haus verbinden und dann von der Hintertür aus Rehe füttern. Ich mag es, wenn kleine Kängurus da sind, wo ich sitze und wo ich mit ihnen sprechen kann, aber das ist nicht jedermanns Sache.

Es ist leichter, Vögel ans Haus zu holen, weil sie über die Systeme hinwegfliegen können, aber auch bei Klienten, die das Glück haben, einen Biberdamm, ein paar Kängurus oder Hirsche in der Nähe zu haben, könnt Ihr diese Wildniselemente dicht ans Haus oder doch sehr nahe heranbringen.

Ihr könnt sie mit Pflanzen oder überschüssigen Nahrungsmitteln anlocken, je nachdem, was angemessen ist. Wenn Ihr ein Stachelschwein anlocken wollt, tut Ihr etwas völlig anderes, als wenn Ihr eine Schnappschildkröte anlocken wollt. Für Schnappschildkröten braucht Ihr vielleicht einen Kanal, der hierher führt und an dessen Ufer viele Hühnchen herumlaufen, die Ihr nicht selber essen wollt. Dann werden die Schnappschildkröten schon kommen.

Ein Klient von mir hatte mehr als dreitausend Hektar Land. Überall auf dem Grundstück fand er schöne Bauplätze und er konnte sich für keinen entscheiden. So bat er mich, zu kommen und ihm bei diesem Entscheidungsprozess zu helfen. Auf dem Grundstück war in einer Senke ein Sumpf. Ich sagte: »Was haben Sie mit dem Sumpf da vor?« Er sagte: »Trockenlegen und Weidegras säen.«

Nun, die Gegend war feuergefährdet und deshalb wollte ich nicht, dass der Sumpf trockengelegt wurde. Mit einem sehr niedrigen Erdwall, der ungefähr einen Meter hoch war, verwandelten wir den Sumpf in einen See und dann wurde ein kleines Haus an dessen Ufer gebaut. Das Haus ist von großen Rasenflächen umgeben, auf denen viele Schwäne und Wombats leben. Wenn man dort ist, meint man, der Besitzer müsse viel Freizeit haben, um sich den Rasenflächen am Ufer des Sees zu widmen. In Wirklichkeit sind aber die wilden Tiere seine Rasenmäher.

Ihm gefällt diese Lösung ganz enorm. Wenn wir diese Elemente nicht benutzt hätten, hätte er sie vernichtet.

Ich komme unmittelbar von einem anderen, gegensätzlichen Beispiel. Andrew und ich waren von einer Gruppe Vegetarier gerufen worden, die mehrere Tausend Hektar Land hatte. Das Grundstück umfasste eine Waldlichtung, wo die Gemeinschaft wohnte. Diese Leute essen keine Tiere und sie bauen keine Zäune, um sie fernzuhalten. Auf der Lichtung versuchten sie, Gemüse anzubauen, und sie versuchten, Nussbäume zu ziehen.

Diese Lage war äußerst attraktiv für alles, was jemals Gemüse gefressen hat. Aus dem Wald kamen Kängurus, Emus, Wombats, Dingus und Kakadus. Sie ließen nichts mehr übrig – keinen Apfel, keine Nuss, keine Salatpflanze und keinen Kürbis. Also wurden Leute engagiert, um diese Tiere zu vergiften und zu töten. In der Umgebung ihrer Siedlung breitete sich der Tod aus. Nur weil sie Vegetarier sind, liegen jetzt Tausende von Leichen da im Busch und verrotten.

Ich bitte Euch, genau andersherum vorzugehen, das Gebiet des Gartens zu schützen und einige der Elemente, die in dieses Gebiet eindringen, zu kontrollieren, und alles andere leben zu lassen.

Nun, ich glaube, dass wir etwas Einfluss auf sie gehabt haben. Wir haben ihnen eine Reihe von Taktiken an die Hand gegeben, ihnen gezeigt, wie sie diese Tiere für eine bessere Feuersicherheit ausnutzen können, und einige andere Dinge. Sie brauchen die Tiere nicht zu essen, aber sie können sie leben lassen.

Sie haben viel Geld, also können sie eingezäunte Korridore errichten. In der Nähe ihrer Wohnwagen und Wochenendhäuser können sie beliebig viele kleine Kängurus haben. In derselben Gegend gab es ein Gebiet, wo die Leute völlige Feuersicherheit allein durch kleine Kängurus hatten. Kleine Kängurus lassen beim Weiden nur kurze Stoppeln stehen, Wombats noch kürzere.

Es war ein unheimlicher Platz. Ich fühlte mich da ganz scheußlich. An einem so schlimmen Ort war ich noch nie gewesen. Es lag ein Gefühl von Tod in der Luft.

Und diese Hunde! Hunde sind schlimm. Viele Vegetarier halten Hunde. Ich war einmal in einer vegetarischen Gemeinschaft, in der es sechsunddreißig Menschen und zweiundachtzig Hunde gab. Ich kann Euch sagen, so was gibt es oft. Ich weiß nicht, wie Ihr das nennen würdet, aber ich halte es für schizophren.

Merkwürdige Sachen gehen vor sich auf der Erde. Wenn Leute sich einem Glaubenssystem verschreiben und das der Umwelt überstülpen wollen, werden sie manchmal zu schreckenerregenden Dingen gezwungen. Stellt Euch vor, wie es in zehn Jahren aussehen wird, wenn dieser Prozess weitergeht.

Es gibt aber auch Möglichkeiten des Eingreifens für Euch. Ihr seid aufgerufen, eine Verbindung zu schaffen zwischen dem, was der

Klient will, und dem, was die Umwelt will, und wo Ihr zunächst die Bedürfnisse der Umwelt und dann die des Klienten berücksichtigen müsst. Schützt Schwäne und Emus und sorgt trotzdem für Euren Klienten.

Ich habe wohl so etwa achthundert Designs gemacht. Ich verwende immer die kleinen Kängurus als Rasenmäher, Hirsche zum Stutzen von Sumach, Eichhörnchen als Eichelsammler. Wenn die Klienten sehen, wie es funktioniert, fangen sie an, Wesen schätzen zu lernen, gegen die sie vorher Krieg geführt haben. Euer Geschäft besteht darin, das Grundstück den Bedürfnissen des Klienten anzupassen und es gleichzeitig zu schützen.

Energien

Energien, die von außen kommen, müssen in Bezug auf Intensität und Häufigkeit untersucht werden. Wenn sowohl Intensität als auch Häufigkeit niedrig sind, werdet Ihr die betreffende Energie vielleicht gar nicht als Faktor in Betracht ziehen. Wenn Ihr aber beispielsweise große Häufigkeit oder aber eine große Intensität bei niedriger Häufigkeit habt, dann zieht diese Energie in Betracht.

Sonnenlicht und Wärme kommen herein, ein direkter Input von Strahlung. Dann ist da der Fluss kalter oder heißer Luftmassen über das Land. Betrachtet die Verschiebung von Kaltluftmassen – die seitliche Verschiebung von Kaltluftmassen, die über die Erdoberfläche wandern, und kalte Winde aus einer anderen Richtung. Es gibt Situationen, wo ein scharfer Südwestwind, der auf eine Seite des Berges auftrifft, sich auf dieser Seite nach Osten dreht. Das heißt, immer wenn der Wind offiziell aus Südwesten kommt, habt Ihr einen scharfen Ostwind.

Den örtlichen Meteorologen könnt Ihr vergessen. Er hat seine Station da irgendwo kilometerweit weg. Er macht abstrakte Beobachtungen, die auf niemanden in der Gegend zutreffen. Nur auf dem Grundstück selbst sind die Anzeichen für klimatische Einflüsse zu finden, die schon seit langer Zeit wirksam sind. Das sind die Dinge, die Ihr beachten müsst.

Das Grundstück selbst sagt Euch, was auf dem Grundstück passiert. Ich finde es sehr schwierig, auf der Grundlage von Karten zu arbeiten. Tatsächlich würde ich sie vielleicht nur sehr wenig verändern, wenn ich auf das Grundstück komme, aber ich ziehe es vor, die Karten beiseite zu legen und hinauszugehen und den Platz zu sehen.

Kalte Winde wehen in das Grundstück hinein, heiße Winde tun dasselbe. Wir können sie auf verschiedene Weise nutzen. Wir können sie zum Kühlen oder zum Heizen verwenden oder für ganz andere Zwecke. Wir können einen kalten Wind benutzen, um so viel Energie zu erzeugen, dass seine Kälte wieder ausgeglichen wird. Es ist notwendig, über diese von außen kommenden Energien auf verschiedene Weise nachzudenken.

Ihr könnt eine ausgezeichnete Tiefkühltruhe mit Sonnenenergie betreiben und eine ausgezeichnete Heizung mit Windenergie. Wärme aus Wind zu gewinnen, ist eine der einfachsten Sachen der Welt – im Wesentlichen geschieht das durch eine Windmühle mit senkrecht stehender Achse, die einen Wasserkessel im Haus aufrührt. Im Kessel sind fest installierte Schaufelblätter. Die Kraft des Windes erzeugt eine enorme Turbulenz im Wasser. Dadurch wird Wärme erzeugt. Je stärker der Wind weht, desto wärmer wird es. In Kanada benutzt man dieses System.

Neulich hat jemand eine andere Anlage beschrieben. Da werden heiße Wüstenwinde zum Kühlen benutzt. Stellt einen Windumlenker auf, ein kleines Segel, das den Wind nach unten leitet, wo Ihr Töpfe aufgestellt habt, die voller Wasser und mit Dochten versehen sind. Je heißer der Wind weht, desto schneller verdunstet das Wasser durch die Dochte. Das hat einen kräftigen Kühlungseffekt.

Wenn der Wind kalt ist, heißt das nicht, dass Ihr es auch kalt haben müsst. In einer abgeschlossenen Umgebung könnt Ihr die Energie aus einer anderen Umgebung nehmen und sie in der abgeschlossenen Umgebung arbeiten lassen. Ihr könnt die Energie benutzen, um etwas zu kühlen, oder Ihr könnt sie benutzen, um zu heizen. Ihr definiert also diese Energien, stellt ihre Intensitäten und Häufigkeiten fest und dann fangt Ihr an, damit zu hantieren.

Im Sommer geht von heißem Wind noch ein anderer Wind aus, der selbst eine erfrischende Brise ist. Das ist eine schwache, stetige Brise und wir benutzen sie zum Kühlen. Wenn genug Platz dafür da ist, legt den Zufahrtsweg seitlich vom Haus an, sodass es möglich ist, das Haus abzuschirmen gegen die Winde, die durch den Zufahrtsweg blasen. Es ist ein grundlegender Fehler, das Haus Eures Klienten am Rande seines Grundstückes zu platzieren. Manchmal habt Ihr keine andere Wahl, aber wenn möglich, bringt das Haus weiter ins Innere des Grundstückes.

Der Ausblick

Es gibt Faktoren, die Ihr aus dem Gesamtbild herauslösen und definieren könnt. Dazu gehören dann Sachen wie Wind, Feuer, Sonne, Lärm, Abgeschiedenheit und Ausblick. Die Leute im Flachland schätzen den Blick auf einen fernen Berggipfel. Es gefällt ihnen, das wechselnde Licht darauf zu beobachten. Ausblicke sind auch eine wichtige Komponente des Designs. Um den erwünschten Ausblick zu bekommen, könnt Ihr einen Bauplatz auf und ab bewegen. Ihr könnt Eurem Klienten auch einen netten Ausguck auf dem Dach des Hauses einrichten.

Ein ehemaliger Kapitän wird oben an seinem Haus einen Balkon haben wollen, der einer Schiffsbrücke ähnelt. Auf solchen Balkonen werden Teleskope und Flaggenmaste installiert sein. Wenn mehrere solcher Leute in einer Gegend siedeln, wird das die architektonische Norm der Gegend. Jedes Haus wird dem des ehemaligen Kapitäns nachgebildet. Dabei ist es da oben auf dem Balkon kalt und unangenehm. Ihr werdet Eure Matrosenjacke anziehen und auf und ab gehen müssen, nur um Euch warm zu halten. Die Köchin wird auf und ab laufen und Euch heißen Kakao bringen müssen. Aber daran denken die meisten Leute nicht, wenn sie so ein Haus bauen.

Jeder zähe Seemann hat hier oben seinen offenen Balkon. Da hält er sich auf und es gefällt ihm. Er hat sein Ruderhaus. Wenn ein Sturm aufkommt, geht er hinauf in sein Ruderhaus und tritt auf den offenen Balkon hinaus, denn er muss die Lage genau prüfen. Er überzeugt sich nur, dass mitten in der Nacht keine Felsen auftauchen.

Das schlimmste Problem ist der Wind-Ausblick-Konflikt. Selbst wenn Ihr nur ein kleines Loch in Eurer Pflanzung habt, bekommt Ihr da einen ziemlichen Durchzug, auch wenn der Wind in der Gegend sonst kein ernsthaftes Problem ist. Ein offenes Tor in der Hecke ist sehr destruktiv.

Ein Ausblick ist etwas, was genossen wird, wenn man gerade eingezogen ist und wenn Gäste zum ersten Mal da sind. Dann zeigt man da hin und sagt: »Ein fantastischer Blick.« Die Gäste sagen: »Ja, wirklich toll.«

Manchmal sage ich zu meinem Klienten: »Ich werde Deine Windschutzpflanzung um Dein Haus herumziehen und hier oben werde ich Dir einen kleinen Schlupfwinkel bauen. Er wird ein kleines Kuppeldach haben, Raum für einige Stühle und Du kannst dann eine Expedition zu Deinem Ausblick unternehmen.« Die Klienten mögen diese Idee. Wir lassen sie bis in Zone 3 gehen, um den Ausblick zu genießen. Das ist nicht weit weg, aber sie kommen mal aus dem Haus heraus. Und sie genießen den Ausblick wirklich, wenn sie allein zu diesem Zweck da hingegangen sind.

Ich habe mal an einer wirklich fantastischen Stelle gelebt. Den Ort hatte ich nach einer Karte ausgewählt. Ich schaute aus einer Höhe von rund achthundert Metern den Berg hinunter. Der kalte Wind pfiff da nur so drüber. Im Hintergrund war ein großer Wald. Ich hatte ein wahnsinniges Panorama. Ich hatte mir da oben einen kleinen Aussichtspunkt gebaut, nur um da hinzugehen und mir das Panorama anzuschauen, mein Wohnhaus stand an einem geschützten, gemütlichen Ort.

Es gibt also Lösungen und die sollten möglichst vielfältig sein. Erinnert Euren Klienten daran, dass es nicht der Ausblick in die Ferne ist, den er immer genießen wird. Er wird sich viel öfter die Wachteln im Gewächshaus anschauen. Er wird viel Zeit damit verbringen, sich die Dinge in der Nähe anzuschauen, die Details zu beobachten, zum Beispiel an einem Vogelhäuschen.

Den besten Ausblick, den es für Kinder, Alte und Kranke gibt, schafft man, indem man direkt vor ihrem Fenster Büsche pflanzt, die Vögel anziehen. Ein Freund von mir, der Professor für Botanik ist, hatte vor seinem Fenster eine Fuchsie, die die Vögel bearbeiteten. Er schrieb mehr wissenschaftliche Artikel über die Interaktion von Vögeln und Blüten als über Botanik.

Nun, ich denke, dass wir einige der Probleme, die man mit Ausblicken haben kann, behandelt haben. Wenn wir es nicht gleich schaffen, alle auf diesem Gebiet auftretenden Konflikte zur Zufriedenheit unseres Klienten zu lösen, können wir ihm vielleicht mögliche Alternativen nennen.

Feuerschutz

Jetzt müssen wir den Feuersektor betrachten. Einige Elemente in den Zonen könnt Ihr auf Eurer Scheibe rotieren lassen und einem Feuer in den Weg stellen, ohne dass es ihnen schadet: Pflanzen, die im Schlamm wachsen, den gemulchten Garten, Fahrwege, Tiere, die das Gras nahe am Boden abweiden, Systeme, die im Sommer grün sind, Pflanzen mit wenig Streu. Wenn Ihr die Elemente rotieren lasst und sie dem Wind entgegenstellt, könnte etwas herauskommen, das sowohl gegen Feuer schützt als auch zum Schweinefüttern benutzt werden kann. Oder Eure Windschutz-Pflanzung könnte ein hoher Wald aus Sumpf-Spezies sein. Auf Bergkuppen, die auf anderen Seiten keine höheren Berge haben, werdet Ihr möglicherweise einen sehr hohen Schutzwall sehr nah am Haus bauen müssen. In Gegenden mit langen und kalten Wintern könnten wir sehr nahe am Haus Kiefern oder eine andere säulenförmige grüne Spezies pflanzen, um das Haus warm zu halten. Ihr könntet sie direkt am Haus pflanzen und erst anschließend mit der Zonierung beginnen. Diese Bäume werden Mulch produzieren und Tieren Schutz bieten.

Jedes Element, das wir platzieren, lassen wir in so vielen Funktionen wie möglich arbeiten. Das ist der unumstößliche Grundsatz des Designs. Wenn Ihr das beherzigt, kann irgendjemand auf irgendein Element zeigen, das Ihr platziert habt, und fragen: »Warum ist dieses Element dort?«, und Ihr habt die Antworten parat: »Weil es Dünger produziert, weil es das Gras kurz hält, weil es die Feuergefahr mindert.« Ein Designer muss Antworten parat haben, sonst ist er kein Designer.

Der zeitliche Aspekt

Wir müssen das System, in dem wir arbeiten, immer als dreidimensional betrachten. Die Höhe, in der die Sonne steht, der Neigungswinkel eines Hanges, das Fließen des Wassers, der Strom der Luft, aus all diesen Elementen müssen wir den größtmöglichen Nutzen ziehen.

Außer Länge, Breite, Tiefe und Höhe haben wir noch ein weiteres Element in Betracht zu ziehen – und zwar die Zeit. Ihr müsst die Entwicklung des Systems einplanen. Versucht, Einfluss auszuüben bei Platzierung und Ausrichtung von Flächen im und um das Wohnhaus. Ihr kennt den Plan des gesamten Grundstücks und solltet deshalb mit dem Architekten zusammenarbeiten. Einige der Kursteilnehmer hier sind Architekten, das Zusammenspiel von Designer und Architekt ist fruchtbar.

Was den zeitlichen Aspekt angeht, so zahlt es sich immer aus, Prioritäten zu setzen. Kein Klient wird über unbegrenzte Mittel verfügen, deshalb müsst Ihr für die Prioritäten des Klienten Kriterien aufstellen. Egal, was der Klient nun will, versucht ihn zu überreden, zu allererst Energie produzierende Systeme einzurichten, dann kommen energiesparende Systeme und erst zuletzt Systeme, die Energie verbrauchen. Unser Design sollte auf Energie-Effizienz abzielen. Dieser theoretische Hintergrund befähigt Euch, mit einer gewissen Kompetenz vorzugehen.

Bei jedem Design gibt es eine große Schwierigkeit, und zwar die, den Anfangspunkt festzulegen. Wir werden Euch deshalb jetzt zwei oder drei wirklich gute Startmöglichkeiten verraten. Ihr könnt mit einem Layout für das Wasser anfangen, dann einen Bauplatz aussuchen und dann um diesen herum die Räder und Speichen entwerfen. Das ist ein recht guter direkter Ansatz. Sehr schlecht ist es, von den Besonderheiten des Grundstücks auszugehen, wie einem großen Felsen im Sickergebiet oder einer Gruppe von Bäumen. Wenn Ihr solche Besonderheiten in Betracht zieht, dann seht sie als Ressourcen. Es ist immer möglich, sie in das Design zu integrieren. Alle Leute legen Moore trocken oder graben Felsen aus und schaffen sie fort. Findet einen Weg, diese Besonderheiten zu nutzen, dann spart Ihr Eurem Klienten solche Arbeiten. So müssen wir mit den Besonderheiten des Grundstücks umgehen.

Randzonen

Jetzt will ich mich einem Thema zuwenden, das mich fasziniert und über das ich viel nachgedacht habe. Ich nenne es Randzonen. Zunächst einmal möchte ich definieren, was eine Randzone eigentlich ist. Wo verschiedene Dinge aufeinandertreffen, sind Randzonen. Diese können mehr oder weniger komplex sein. Die Grenzfläche ist eine Randzone. Das ist die Haut, die so stark ist wie Stahl, die Fläche zwischen Wasser und Luft. Es ist die Zone um ein Bodenteilchen, in der Wasser mit phänomenaler Kraft festgehalten wird. Es ist die Küstenlinie zwischen Wasser und Land. Es ist die Grenzlinie zwischen Wald und Grasland. Es ist das Buschland, das Ihr von Grasland unterscheiden könnt. Es ist die Zone zwischen den Gebieten auf einem Hügel, wo es Frost gibt und wo es keinen gibt. Es ist der Rand der Wüste.

Gewisse Eigenschaften sind all diesen Kreuzungspunkten gemeinsam. Zunächst einmal: Jedes Lebewesen, das ich kenne, macht dort eine Pause. Ich habe noch keinen auch nur halbwegs sensiblen Menschen gesehen, der schnurstracks aus dem Wald in die Ebene marschiert oder von der Ebene in den Wald. Randzonen bringen jeden zum Innehalten. Jeder verweilt dort. Darüber hinaus finden wir bei natürlichen Systemen in der Randzone andere Spezies und eine stark erhöhte Produktivität und es gibt eine Zunahme der potenziellen Interaktionen. Deshalb ist der Energiefluss in der Randzone größer.

Um zu verstehen, welche Auswirkungen sich daraus ergeben, solltet Ihr Euch einmal Riffe ansehen, diese außerordentlich reichen Grenzgebiete zwischen Tiefsee und Atoll. Gute Forscher auf dem Gebiet der Landwirtschaft entnehmen ihre Proben niemals der Randzone. Sie werden die ersten zwei Meter außer Betracht lassen, in das Feld hinein marschieren und dort ihre Proben entnehmen. Warum? Weil in der Randzone die Produktivität oft viel größer ist. Die wahren Gegebenheiten sind für diese Forscher nur in der Feldmitte zu finden. Wo verschiedene Systeme aufeinandertreffen, kann bei einem oder bei beiden der Ertrag abnehmen. Aber im Allgemeinen sind sich alle einig, dass die Randzone sehr reich ist, weil es in ihr Spezies aus beiden angrenzenden Systemen gibt und außerdem Spezies, die es nur in ihr gibt.

Wir hätten nicht viel Erfolg, wenn wir Tomaten an einen Kiefernwald angrenzend anbauen würden. Aber Blaubeeren könnten da sehr gut gedeihen. Darüber gibt es keinen Zweifel. Auf vielen dieser Gebiete sind Messungen durchgeführt worden, obwohl mir kein

Buch bekannt ist, in dem alle derartigen Forschungen zusammengefasst sind.

Wenn also in Randzonen eine Bereicherung stattfindet in Bezug auf Spezies und Interaktionen, wenn es weiterhin, wie wir in Flussmündungen, im Watt, in Mangrovenwäldern, auf Wallriffen und an Lichträndern messen können, Zunahmen gibt in Bezug auf Interaktion, Wuchshöhe, Energiefluss und Ertrag, dann würde, zieht man all diese Dinge in Betracht, die Annahme, dass man den Energiefluss in einem System erhöhen kann, indem man das Ausmaß der Randzonen in dem System erhöht, als wahrscheinlich zu betrachten sein. Zu dem Landwirtschaftswissenschaftler sagen wir also: »Warum mit dem niedrigeren Ertrag zufrieden sein? Warum betrachten Sie nicht die Randzone, schaffen eine größere Randzone und verdoppeln auf diese Weise den Ertrag?« Aber so arbeitet das wissenschaftliche Denken nicht. Es ist fixiert auf Hektarerträge. Das aber braucht uns ja nicht abzuhalten, so zu arbeiten.

Die ökologischen Karten der australischen Ureinwohner

Wir wollen diesen Aspekt jetzt beiseitelassen. Ich will Randzonen unter einem ganz anderen Gesichtspunkt betrachten. Bislang haben wir uns mit Spezies und Erträgen, Vielfalt und Energiefluss befasst. Jetzt will ich Euch erzählen, wie ich dazu gekommen bin, auf Randzonen aufmerksam zu werden.

Immer wenn ich in Zentralaustralien unterwegs war und mich in der Nähe der Lager der Ureinwohner aufgehalten habe, sah ich die Frauen Dinge tun, die mich faszinierten, ohne dass ich mir über den Grund dieser Faszination klar werden konnte. Sie verwendeten alle möglichen Pigmente und alle möglichen Mittel, um sehr kunstvolle Muster herzustellen. Die Pitjantjatjara-Frauen tun das oft. Man findet diese Muster auf Fenstern und Kleidern. Wenn die Frauen beieinandersitzen und Geschichten erzählen, machen sie diese Muster.

Zum Glauben der Ureinwohner gehört, dass früher allein die Frauen in Besitz von Wissen waren. Das glaubten auch die Kelten. Die Männer lebten in Unwissenheit und großer Abhängigkeit, weil die Frauen sie nur an kleinen Teilen ihres Wissens teilhaben ließen, aber sie verrieten den Männern nie, wie man Wissen erlangt. Das

Muster der Pitjantjatjara-Frauen in Zentralaustralien

Körnchen Wissen, über das die Männer verfügen, haben sie sich – so der Mythos – dadurch angeeignet, dass sie verbotenerweise eine Zeremonie der Frauen beobachteten und einige Gegenstände entwendeten, die wichtig waren – Zeremonialobjekte. Indem sie die Zeremonie beobachteten, konnten sie auch etwas Wissen erlangen – nicht viel, aber das ist alles, was sie haben.

Die Männer aus dem Stamm von Ureinwohnern, mit denen ich sprechen kann, können mir zum Thema »Muster« gar nichts sagen. Und auch die Frauen, mit denen ich ohnehin nicht besonders gut sprechen kann, können mir nicht viel darüber sagen. Und das meiste davon geht mich ja auch gar nichts an, es ist Sache der Frauen. Darüber wissen die Männer eben nichts. Die Männer wissen etwas anderes, sie kennen ganz andersartige Muster. Von den Männern konnte ich also nichts erfahren und die Frauen sagten mir nur, das seien die Muster von Geschichten, alten Geschichten. Weiter sagten sie nichts dazu.

Eines Tages flog ich in einem kleinen Flugzeug nach Norden. Wir verirrten uns in der Wüste. Der Pilot war nervös und wir flogen kreuz und quer durch die ganze Gegend. Mir aber ging es bestens, denn kaum waren wir in der Luft, hatte ich auch schon gesehen, dass die Muster der Pitjantjatjara-Frauen die Muster der Wüste waren. Ich habe eine Menge Fotos von diesen Mustervariationen der Frauen.

Was die Frauen da taten, und zwar ganz bewusst taten, war, Wüstenökologie in Form von Erzählung und Mythos zu beschreiben. Die Muster sind ökologische Karten, die genau sind und auf denen die Abstände stimmen. Über diese Muster kann eine Frau sogar mit einer anderen kommunizieren. Sie kann sie zu einem ganz bestimmten fernen Stein oder einer Salzpfanne schicken, an einen Ort, den die andere nie vorher gesehen hat, und sie wird den Ort finden.

Die Ureinwohner sagen, ich hätte ihnen gegenüber einen unfairen Vorteil gehabt, als ich mit dem Flugzeug in der Luft war. Sie können das nicht. Sie müssen auf einen Steilhang gehen und von da aus versuchen, die Muster zu sehen. Und nachdem ich diesen Zusammenhang erst einmal erkannt hatte, stieg ich bald noch weiter in ihrer Achtung und erreichte das, was sie eine höhere »Ebene der Offenbarung« nennen.

Es war ungefähr fünf Tage später, als ich mit ihnen zusammensaß und sie wiederum ein Muster zutage förderten. Ich durchschaute es sofort. Ich zeigte auf etwas und sagte: »Das ist das Lager der Frauen.« Sie sagten etwas mir Unverständliches und ich fragte: »Was heißt das?« Und sie antworteten: »Das heißt: Ich glaube, Deine Weisheit übertrifft die der meisten weißen Männer.«

Wenn man ein bestimmtes Verständnis dafür bekommt, was diese Leute tun, dann kann man sehen, dass das ihr ganzes Leben kennzeichnet. Man muss zuerst die Umwelt betrachten, die Muster in der Umwelt und dann folgt eine Offenbarung auf die andere.

Ich war sehr glücklich darüber und es gab mir viel Stoff zum Nachdenken. Ich habe mir danach einige wunderschön illustrierte Bücher angeschaut, die hier in Amerika erschienen sind. Viele von ihnen enthalten Luftaufnahmen. Solche Muster gibt es an vielen Orten. Wenn man im Land der Pitjantjatjara zu irgendeinem Ort des Stammesgebietes geht, egal wohin, es gibt keinen Platz, für den nicht irgendjemand verantwortlich ist. Man muss sich erkundigen: »Wen muss ich wegen dieser und jener Sache fragen?« Und man kriegt gesagt: »Was das betrifft, so musst Du die Frau dort mit dem Fell fragen.« Und sie wird kommen und mit Euch reden.

Und wenn man zu ihr sagt: »Kann ich da oben einen Baum pflanzen?«, wird sie sagen: »Dann musst Du da oben fragen.« »Kann ich dann hier einen Baum pflanzen?« »Ja, hier kannst Du ein paar Bäume pflanzen.«

Für alles ist also jemand verantwortlich. Niemand ist für das Ganze verantwortlich, jeder hat ein Stück – das ist eine ziemlich interessante Struktur.

Ungefähr zwölf Monate später fuhr ich nach Albany in West-Australien. Dennis McCarthy, ein Freund von mir, fuhr mit. Wir unterhielten uns. Irgendwann sagte ich zu ihm: »Randzonen, McCarthy!« Wir waren gerade an etwas vorbei gefahren, was mich daran erinnerte. McCarthy sagte ungefähr zwanzig Minuten lang gar nichts und dann: »Randzonen**harmonik,** Mollison.« Und ich sagte: »Warum um alles in der Welt hast Du das gesagt?« Er sagte: »Weil ich Mathematiker bin und mich auf Randzonenharmonik spezialisiert habe.« Und ich sagte: »McCarthy, ich weiß nicht, warum, aber ich glaube, dass Du gerade etwas enorm Bedeutendes gesagt hast.« (Siehe auch Anmerkung Seite 97.)

Geht es Euch auch so, dass in Eurem Leben eine ganze Zeit lang gar nichts passiert – auf intellektuellem Gebiet meine ich. Man kommt an das Ende dessen, was man tun kann, und befindet sich gedanklich irgendwie auf einer Art Plateau. Und dann bekommt man so ein Gefühl, als müsste man gleich niesen, als hätten sich so viele Einsichten angesammelt, dass gleich etwas Neues passieren muss: Ich dachte an Randzonenharmonik; und unmittelbar darauf dachte ich an jene Muster. Fast hatte ich es!

Deshalb habe ich vorhin gesagt, dass wir uns dem Thema Randzonen von einer ganz anderen Seite nähern wollen.

Wir betrachten Randzonen auf ihre Geometrie, auf ihre strukturellen Charakteristika und wir lösen uns von dem Denkschema der geraden Linie.

Wenn Ihr Euch die Muster der Wüste oder der Tundra oder der Zotten in Eurem Darm oder der Oberfläche Eures Gehirns einmal richtig anseht, dann könnt Ihr sehen, dass jedes Mal, wenn wir einen Ausschnitt an einer Stelle wegnehmen und an eine andere Stelle tun, wir die Randzone enorm vergrößert haben, ohne die Fläche verändert zu haben! Wir können also, ohne eine Kuh von der Weide zu nehmen, für einen enormen Ertrag am Rande der Weide sorgen.

Ohne die Sauerstoff-Oberfläche des Teiches zu verkleinern, können wir die Randzone des Teiches in beliebigem Maße vergrößern.

Möglicherweise ist die Harmonik der Randzone bestimmend dafür, wie viel genetisches Material zwischen beiden Materien ausgetauscht wird. Bestimmt hat die Harmonik der Randzone entscheidenden Einfluss auf alle möglichen physischen Faktoren. Die Produktivität der Randzonen hängt von ihrer Harmonik ab. Ich denke, mit der Randzonenharmonik sind wir auf einer sehr heißen Spur.

Vielleicht werdet Ihr eines Tages in der Lage sein, diese Bemerkungen zu etwas Stichhaltigem zusammenzufügen. Aber eines weiß ich schon heute, und zwar mit absoluter Sicherheit: Für viele Dinge sind die Randbedingungen von entscheidender Bedeutung. Das trifft auf sehr viele Phänomene zu und im Bereich der Mathematik habe ich mich selbst von der Gültigkeit dieses Satzes überzeugt. Wir achten aber nicht genug auf die Randbedingungen. Mir scheint, wir haben ein sehr wichtiges Werkzeug in der Hand, das wir bei unseren Designs verwenden könnten. Wenn es nicht viel kostet, kann es sehr nützlich sein, bestimmte Randzonenbedingungen zu schaffen. Es kann sein, dass wir manchmal erst austüfteln müssen, wie das geht, und manchmal wird es sicher auch gar nicht gehen.

Stellt Euch eine ebene Fläche aus verschiedenen Materialien vor. Stellt Euch vor, wir schaffen eine total ebene Fläche zum Teil aus Salz, zum Teil aus Lehm, zum Teil aus Eis und so weiter. Und dann setzen wir diese Fläche verschiedenen Einflüssen wie Wärme und Licht aus. Sie wird beginnen, sich auf unterschiedliche Weise zu bewegen und dabei wird sie sich an einer Stelle auseinanderziehen und an einer anderen zusammen und einige Teile werden gegen andere drücken. Das wird dazu führen, dass die Dinge anfangen, sich einer gewissen Harmonik anzupassen, die abhängig ist vom Grad der Verschiedenheit, von den Vorgaben und den Ergebnissen, die die Fläche beeinflussen. Manchmal fällt Regen auf die Fläche, manchmal trocknet sie aus. Manchmal bilden sich kleine Spalten, Stückchen trennen sich von anderen Stückchen. Und möglicherweise bilden sich Zerlegungen. Diese Zerlegungen repräsentieren verschiedene chemische Zustände auf der Oberfläche. Und dadurch entstehen verschiedene biologische Komponenten – viel oder wenig Salz, viel oder wenig Lehm und Ähnliches. Das Muster wird mit kleinen Punkten verfeinert, es entstehen Multiplikatorwirkungen und neue Muster bilden sich aus.

(Anmerkung des Übersetzers: Randzonenharmonik = »edge harmonics«; der Begriff »harmonic« müsste hier und im Folgenden je nach Zusammenhang verschieden übersetzt werden. Das würde jedoch verschleiern, dass von einer einzigen Idee die Rede ist. Es steht für das englische Wort »harmonic« im Folgenden stets »Harmonik« – andere gebräuchliche Bedeutungen des Wortes: In der Mathematik sind »harmonic functions« oder kurz »harmonics« Lösungen einer Klasse von Differentialgleichungen, die Schwingungsvorgänge beschreiben. In der Musik heißen Unterschwingungen und Obertöne auf Englisch »harmonics«.

Aus dem Zusammenhang geht hervor, dass Mollison das Wort »harmonic« im Folgenden noch in einer anderen, bislang nicht allgemein gebräuchlichen Bedeutung benutzt. Offenbar versucht er eine Idee zu vermitteln, die noch nicht genügend fest umrissene Formen angenommen hat, um präziser beschreibbar zu sein.)

Randzonen praktisch genutzt

Dies hat mir eine andere Perspektive zur Betrachtung des Randzonenphänomens verschafft, die ich jetzt in meinem Kopf hin und her wälze. Ich weiß nicht, ob ich das schon gut genug begriffen habe, aber ich weiß immerhin, es ist da. Die erste Ebene der Offenbarung ist sozusagen erreicht. Ich weiß, dass sie da ist und warum sie da ist, aber ich kann noch nicht so recht damit umgehen. Die Sache war schon immer da, ich hatte sie nur nicht gesehen. Jetzt sehe ich, dass sie da ist.

Als Beispiel für eine Randzonen-Komponente wollen wir uns mit der Blaubeere beschäftigen. Sie scheint am Rande von Lichtungen in Kiefernwäldern zu wachsen. Vielleicht haben wir einen Klienten, der Landwirtschaft studiert hat. Er möchte viele Blaubeeren zum Verkauf anbieten. Wenn Ihr ihm das überlasst, wird er seinen Kiefernwald roden und seine Wiese umpflügen und dann Blaubeeren in Reihen anpflanzen. Ich habe selbst gesehen, wie das einer gemacht hat. Wenn wir ihn dazu überreden können, seine Reihen von Blaubeeren so anzulegen, dass sie sich zwischen den Kiefern hindurchwinden, dann kann es uns gelingen, auf einem viertel Hektar genau das Gleiche an Blaubeeren unterzubringen wie er auf einem ganzen Hektar, und der Ertrag wird sich wahrscheinlich verdoppeln.

Wenn mich jemand fragt, wie viel Land er für Erdbeeren braucht, dann ist meine ehrliche Antwort, dass ich keine Ahnung habe, weil ich mich damit noch nicht auseinandergesetzt habe.

Vor Kurzem hatte ich mit Bockshorndickichten zu tun, die ein paar hundert Jahre alt waren. Durch die bin ich mit einem Beil gegangen und habe sie bearbeitet. Ich fing an mit einem Dickicht von 35 Schritt Durchmesser und hinterher hatte es eine Randzone, die 286 Schritt lang war, und dabei war das Dickicht noch praktisch intakt. Dann machte ich mich daran, die Randzone zu bepflanzen und zu experimentieren. Ich stellte fest, dass ich eine fantastische Vielfalt von Mikroklimata geschaffen hatte. Es gab dort kalte Winde und heiße, salzige Winde. Es gab schattige, trockene, kalte, salzige, heiße und nasse Gebiete. Ich hatte eine enorme Menge von Möglichkeiten innerhalb des Bockshorndickichts geschaffen. Das Ganze ist übrigens unmittelbar vor meiner Reise hierher passiert. Ihr seht, ich bin noch im Anfangsstadium.

Wir können dort wegen der heißen, salzigen Winde keine Avocados anbauen. Ich sagte mir: »Ich baue dort drinnen ein paar Avocados an, vielleicht sogar Bananen.« Ich war mir nicht sicher, aber irgendwie dachte ich: »Hier fühlt es sich nach Bananen an.« Also ging ich in die Stelle, wo es richtig heiß war, und pflanzte Avocados. Die Pflanze überlebte zwar, aber ich hatte sie in ein Wüsten-Mikroklima gesetzt, wo der Regen nicht hin konnte. Ich werde sie also entweder bewässern oder eine für Wüstenbedingungen geeignete Avocadosorte pflanzen müssen. Gerade als ich anfing, mich mit den Feinheiten auseinanderzusetzen, herauszufinden, wo ich Fehler gemacht hatte, musste ich abreisen und ich bin noch nicht wieder da gewesen. Als ich meine Banane das letzte Mal sah, war sie gerade dabei, sich zu entfalten. Aber ich weiß nicht, ob sie Früchte angesetzt hat. Das Ganze ist mehr als tausend Meilen von den normalen Bananenanbaugebieten entfernt. Aber in diesem Dornbuschdickicht war wirklich eine Nische für eine Banane.

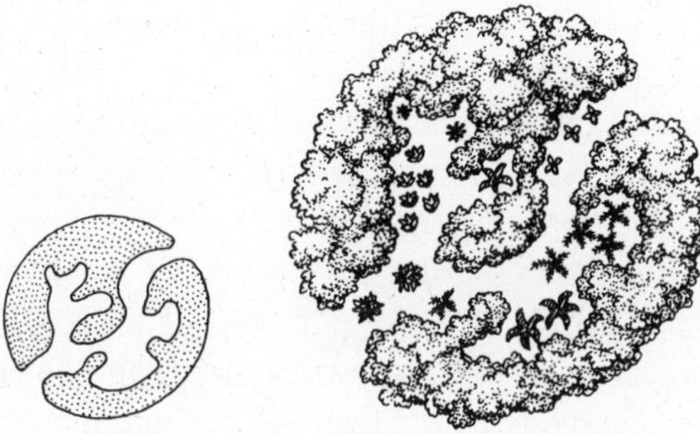

Mikroklima im Bockshorndickicht

Wir versuchen Sachen aufzubauen, die nicht messbar sind. Es hat keinen Zweck, nach dem Ertrag pro Flächeneinheit zu fragen. Ich kenne ihn nicht. Ich habe noch zu wenig Erfahrung damit. Ich habe gerade erst angefangen, mich mit diesem Gebiet zu befassen, und ich weiß nicht, wie weit ich da eigentlich schon eingedrungen bin. Ich glaube, dass wir für die Dinge, die wir tun müssen, keine geeigneten Messinstrumente entwickeln können. **Ihr selbst seid alles, was Ihr braucht.**

Dynamik statt Statik

Ich fange an zu glauben, dass die Mathematik mit ihren geraden Linien einen Einfluss auf unsere Landwirtschaft gehabt hat. Wenn man etwas in der Absicht einrichtet, daran später Messungen anzustellen, dann wird ein rechteckiges Gitter dabei herauskommen, weil man weiß, dass man damit gut umgehen kann. Und die Ergebnisse, die man dann veröffentlicht, enthalten eben rechteckige Modelle. Und die Leute werden daraufhin auch Systeme nach diesem Muster einrichten.

Wir befassen uns hier mit Dingen, aus denen sich nur in dynamischen Situationen Vorhersagen ableiten lassen. Die Blaubeeren und die Kiefern dringen in die Wiese und in die Teiche vor. Wenn wir beobachten, in welcher Weise sich die Dinge ansammeln, können wir möglicherweise Vorhersagen darüber machen, wie viel sich ansammeln wird, woher das kommt und wie lange es dauern wird.

Tatsächlich folgte das Muster der ganzen Siedlung dieser Fußwanderung von Corbett. Er hat manchmal innegehalten, um den Boden zu studieren, ist dann weitermarschiert, er hat sich umgesehen. Das war ein außergewöhnlich effektiver Spaziergang. Er hat viele Energien freigesetzt. Ich sage Euch deshalb, wandert in Schlangenlinien durch Euer System. Je ebener Euer System ist, desto angemessener ist der Gang in Schlangenlinien. Das ist zwar keine passende Methode zur Platzierung von Zäunen, aber wenn die Grenzlinien erst einmal gezogen sind, könnt Ihr so weiterarbeiten.

Allzu oft rauschen die Landschaftsgestalter durch die Wüste und machen alles gerade, machen es richtig. Dann ist die Wüste in Schwierigkeiten, denn so wollte sie es nicht haben. Irgendwann wird sie sich wehren und durchgehen wie ein wildes Pferd. Wenn wir mit den Strukturen in einem System den natürlichen Fluss der Dinge imitieren, wird daraus vielleicht etwas, was wesentlich leichter in Gang zu halten ist und außerdem alle Vorteile der Randzonenharmonik hat.

Kein Botaniker wird in der Lage sein, Euch auch nur eine der Fragen, die Ihr habt, zu beantworten. Wie beispielsweise ist die Harmonik von Tee-Bäumen am Rande eines Sumpfes? Deshalb müssen wir unseren eigenen Spezies-Index aufstellen. Was veröffentlicht worden ist, ist für uns nutzlos. Wir interessieren uns nicht für die Zahl der Nüsse pro Quadratmeter.

Muster zu erkennen bedeutet, eine Reihe bislang getrennter Phänomene aus verschiedenen Disziplinen in einem einheitlichen theoretischen Rahmen sehen zu können. Es geht darum, Landschaften hinsichtlich ihres Ursprungs zu begreifen. Und wenn Ihr einen Baum platzieren wollt, prüft, inwieweit er zu der Umwelt passt.

Drei Dimensionen statt zwei

Ich lag eines Abends im Bett und dachte nach – das Problem mit den Mustern ist, dass sie alle zweidimensional sind: Sie erheben sich nicht in die Luft und gehen nicht in den Boden hinein. Dann kam mir plötzlich das Bild einer Meeresschnecke in den Kopf. Schnecken nehmen diese Form ja nicht einfach so ohne Grund an. Sie tun das, weil es eine sehr effektive Methode ist, möglichst viel Verdauung in einen sehr kleinen Raum zu packen. Warum lassen wir nicht unsere Gärten nach oben in die Luft und nach unten in den Erdboden gehen? Wir denken an diese Möglichkeit gar nicht. Wir nehmen die Gartenschnur und harken alles und ebnen es ein und führen alle unsere Muster in der Ebene aus. Und wenn der Garten anfangs nicht eben ist, werden wir ihn bald so weit haben. Eine Zikkurat (Stufenturm) ist ein Turm, an dem sich eine Art heilige Spirale emporwindet. Wenn man ein Stück Papier nimmt, eine Spirale hineinschneidet und es an der Mitte festhält, hebt es sich in die Höhe und ist nicht mehr flach. Man müsste einen kleinen Steinhaufen bauen und die Spirale daran emporführen.

Am nächsten Tag ging ich in den Garten und baute einen Stufenturm mit einem Durchmesser von etwa zwei Metern am Boden. Dann fragte ich mich, warum sich die Spirale nicht auch noch in den Boden hineinwühlen kann. Das würde wieder einen völlig anders gearteten Platz ergeben. Das Ende der Spirale könnte mit Wasser gefüllt werden. Ich baute die ganze Sache an einem Nachmittag.

Es war klar, dass ich eine ganze Reihe von Mikroklimata konstruiert hatte, Stellen im Halbschatten und schöne helle, heiße, sonnige Stellen im Osten und Westen. Jetzt ist es ein ziemlich dauerhaftes kleines Beet. Es ist hervorragend für Küchenkräuter geeignet. Ihr habt verschieden gute Drainagen, verschiedene Grade von Hitze und Schatten. Es ist möglich, außer den Oberflächen auch die Seitenflächen zu bepflanzen. Ich habe versucht auszurechnen, wie viele Meter Pflanzreihe in diesen Turm passen. Ich glaube, etwa fünfzehn Meter, eine ganze Menge also. Es gibt kein Problem mit dem Raum zwischen den Reihen. Ihr kriegt eine Menge Petersilie, Schnittlauch und Thymian, mit etwas Rosmarin oben und Estragon und anderen Sachen weiter unten. Auf zwei Stufentürmen könnten genug Kräuterarten wachsen, um den anspruchsvollsten Koch zufriedenzustellen. So ein Turm ist sehr schön anzusehen. Um an seinem Ende den Teich anzulegen, braucht Ihr nur eine Plastiktüte aufzuschlitzen, in das Loch zu tun und mit Erde zu füllen. Darin kann eine Menge Wasserkresse wachsen.

Kräuterspirale

Eine kleine Geometrie

Ich denke, dass wir viel mehr auf die Vorteile dieser Geometrien achten sollten. Ich meine damit nicht, dass alle ihre Gärten spiralförmig, kreisförmig oder in Schlangenlinien anlegen sollten. Ich denke vielmehr, dass es angemessene und unangemessene Geometrien gibt.

Wenn Ihr nun mit einem Design für ein bestimmtes Grundstück herumspielt, dann spielt mit Mustern. Ich glaube, man kann sich dabei im Wesentlichen auf krummlinige Muster beschränken.

Man hat den australischen Ureinwohnern europäische Methoden des Gartenbaus beigebracht. Sobald sie ohne Anleitung waren, begannen ihre Gärten sich in subtiler Weise zu verändern. Ich bedauere es, dass ich nie eine Skizze von einem dieser Gärten gemacht habe, die ich gesehen habe. Sie bestanden aus kleinen Hügeln und wenn man sie von oben betrachtete, konnte man Muster erkennen, die alle möglichen totemistischen Formen annahmen. Und die Pflanzen gediehen sehr gut dabei.

Fukuoka und die Zeit

Zum Modell eines Kräutergartens kommt man über die Geometrie. Man kann auch über die Zeit dazu kommen. Beide Dinge repräsentieren verschiedene Dimensionen der Überlagerung. Mit den einfachen Anfängen des zeitlichen Überlagerns hat man zu tun, wenn man Salat unter Stangenbohnen pflanzt und den Salat erntet, ehe die Stangenbohnen ihn beschatten.

Aber es gibt viel ausgefeiltere Methoden von zeitlicher Überlappung. Was Fukuoka macht, ist die **Zeit zu stapeln.**

Die Engländer haben ein System der Landwirtschaft entwickelt, bei dem Flächen gepflügt wurden, nachdem die Tiere sie einige Jahre beweidet hatten. Ich glaube, es handelte sich um eine siebenjährige Rotation. Nachdem die Weide umgepflügt war, wurde eine Feldfrucht mit hohem Nährstoffbedarf gepflanzt, dann eine Blattfrucht oder dergleichen, dann ein Getreide, eine Wurzelfrucht und anschließend ließ man das Land vielleicht sogar ein Jahr brachliegen. Dann wurde es wieder als Weide verwendet. Das war eine Methode der Landwirtschaft, die sich auf Dauer durchführen ließ. Sie brauchten sieben Jahre. Sie ernteten die verschiedensten Dinge. Dazu brauchte man jemanden, der das System kannte und bereit war, es fortzuführen. Das setzte eine ziemliche Stetigkeit voraus, die damals wohl auch gegeben war.

Dieses System befasste sich kaum mit Zeit. Es hing von Techniken anstatt von Zeit ab. Fukuoka hat dann sozusagen die sieben Jahre genommen und sie »übereinandergesetzt«. Er brauchte keine Brache, weil er den Großteil der Feldfrüchte niemals vom Land entfernt hat. Er stapelte seine Leguminosen zusammen mit seinem Getreide, seinen Enten und seinen Fröschen. Er ließ sein Vieh zu gewissen Zeiten auf dasselbe Stück Land, auf dem auch seine Feldfrüchte standen, anstatt ein Grundstück für Vieh und eines für Feldfrüchte zu unterhalten. Und er packte verschiedene Arten von Feldfrüchten zusammen. Er ging einen Schritt weiter. Er säte die eine Feldfrucht, ehe die vorige abgeerntet war. Er überlagerte also nicht nur, sondern schob auch ineinander.

In Monsungebieten wachsen Gräser, die übermannsgroß werden. Dann trocknen sie aus und fallen um. Zu diesem Zeitpunkt werden sie von den Viehhaltern verbrannt. Die Gräser stellen eine enorme Menge an Material dar. Die Wurzelstöcke liegen im Boden und warten nur darauf, beim nächsten Regen wieder hochzuschießen. Ein Anhänger der Permakultur in South Queensland ist einmal kurz vor dem Regen mit einer Walze über das ganze Gebiet gegangen und hat Roggen eingesät. Mit dem Ergebnis, dass er eine enorme Roggenernte einfuhr in einem Gebiet, wo es total hoffnungslos wäre, das Land durch Pflügen und Eggen für Roggen vorbereiten zu wollen. Hätte er das versucht, dann wäre der Mutterboden vom ersten Regen ausgewaschen worden. Außerdem hätte er es auf diese Weise niemals geschafft, diesen vitalen Komplex von Pflanzen durch Roggen zu ersetzen. Aber er hatte Fukuoka gelesen. Er war sehr zufrieden mit seiner Roggenernte.

In den Permakultur-Vereinigungen in Australien wird jetzt sehr viel Getreide angebaut. Die Leute arbeiten an diesen Stapel-Strategien – Roggen auf Gras, Weizen auf Quecke und Ähnliches. Wir sind immer noch dabei, diese Stapel-Strategien zu erproben. Dies hier sind nur einige Hilfen dazu.

Techniken der Permakultur

Planung in Zone 1

Es ist sehr wahrscheinlich, dass der größte Teil Eurer Tätigkeit darin bestehen wird, Planungen für Zone 1 durchzuführen. Wenn Eure Architekten halbwegs kompetent sind, was allerdings oft nicht der Fall ist, dann fangt Ihr mit etwas an, das ungefähr so aussieht:

Ihr habt Windfang, Speisekammer, Küche, Wohnzimmer und drei Schlafzimmer.

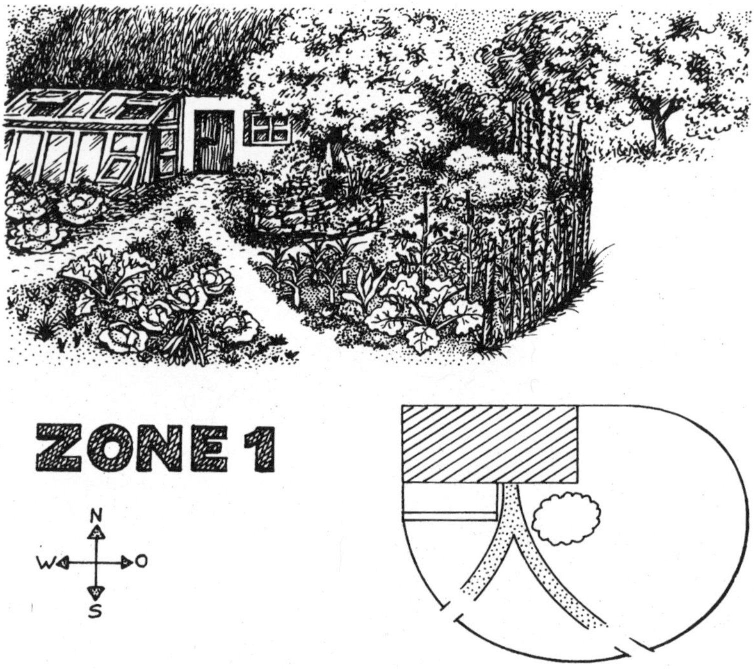

Haus mit Anlehngewächshaus und intensiv genutztem Garten in Zone 1

Das Haus muss so angelegt sein, dass es seine Funktionen angemessen erfüllen kann. Von diesem Plan könnt Ihr nicht allzu sehr abweichen. Ihr könnt mit den Ein- und Ausgängen herumspielen, hier eine Einbuchtung anbringen und da einen Anbau, Ihr könnt das Haus mit einem Sichtschutz umgeben oder mit einem Spalier überziehen. Aber im Wesentlichen wird Euer Bauplan so aussehen. Das ist der einzig effiziente Plan.

Leider ist es sehr wahrscheinlich, dass Ihr die Situation antrefft, dass die Küche auf der Nordseite liegt, das Wohnzimmer auf der Nordseite liegt und wo die Schlafzimmer nach Süden liegen, in denen man wegen der Hitze nachts nicht schlafen kann. Aber wir wollen einmal davon ausgehen, dass wir bei der Planung ein Wörtchen mitzureden haben, was ja auch oft genug der Fall ist.

Kräuter

In diesem Fall liegt das am intensivsten bearbeitete Stück Garten in der Nähe des Eingangs zur Küche. Unmittelbar am Eingang solltet Ihr eine kleine Kräuterspirale platzieren und gleich daneben eine große Petersilienpflanzung. Petersilie kann man gar nicht genug haben. Schnittlauch kommt da auch hin. Das sind die beiden am meisten verwendeten Kräuter. Knoblauch ist eine Pflanze, die gegen Ende des Sommers oder schon früher geerntet wird, Ihr könnt ihn praktisch überall pflanzen, wo sonst nichts hinpasst. Wenn irgendwo eine Lücke ist, steckt eine Knoblauchzehe hinein. Dann kommen die gebräuchlichen Kräuter – davon gibt es nur drei oder vier: Estragon, Thymian, Rosmarin und Salbei. Das wär's. Dazu noch einige Blumentöpfe mit Minze. Dill könnt Ihr auch durch den ganzen Garten verstreut anpflanzen. Wenn Ihr nur die Samen erntet, braucht die Pflanze nicht in der Nähe der Tür zu sein.

Es gibt drei bis vier Arten von Schnittlauch, und zwar den chinesischen Schnittlauch, die gewöhnliche Sorte mit der purpurnen Blüte und die feinblättrige blaue Sorte. Es lohnt sich, alle Sorten anzubauen, weil sie zu verschiedenen Zeiten geerntet werden.

Petersilie säe ich auf ein ganzes Beet und lasse sie zur Samenreife kommen. Im nächsten Jahr säe ich noch ein Beet Petersilie. Dann werfe ich die Samen in der ganzen Gegend umher, sodass überall

Petersilie wächst. Ich werfe sie überall hin, wo ich Petersilie haben möchte. Ich benutze sie als Mulch. Auf diese Weise bekomme ich Petersilie in Massen. Und wenn man erst einmal so weit ist, braucht man sich um Petersilie nie wieder Gedanken zu machen. Wo einmal ein Petersilienbeet war, wird es immer genug Petersilie geben.

Bei uns ist der Winter nicht so hart wie bei Euch. Wir haben es fertiggebracht, Paprika in Töpfen auszupflanzen. Beschneidet sie im Herbst und holt sie den Winter über ins Haus, im Frühling pflanzt Ihr sie wieder aus. So bekommt man große, kräftige Pflanzen. Wir haben das fünf Jahre hintereinander mit denselben Pflanzen gemacht.

Die Pflanzen an den Wegen

Ihr werdet sicher Wege in dieses System hineingeplant haben, zum Parkplatz, zur Scheune und zu anderen Stellen, wo man oft hingeht. Nehmt Euch einen Abschnitt eines solchen Pfades vor und fangt an, Eure Pflanzen entlang dieser Pfade, ihrer Einteilung nach Zonen

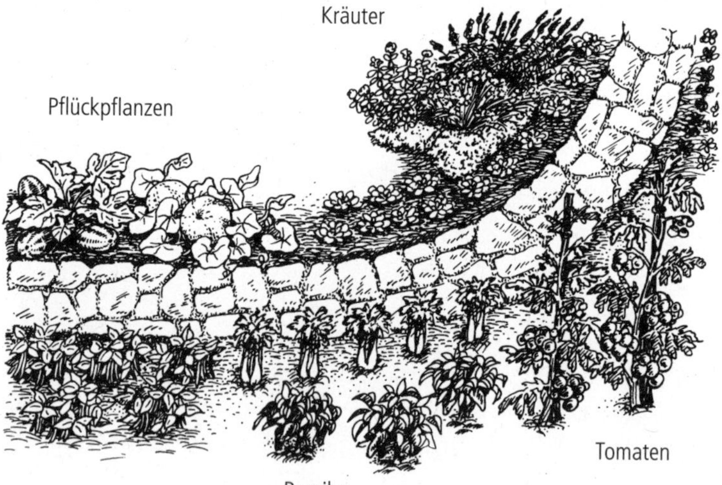

Vorschlag für eine sinnvolle Bepflanzung entlang der Wege

gemäß, auszupflanzen. Anschließend legt Ihr Eure Beete an. Im idealen Permakultur-Garten wird es hier später ziemlich unordentlich werden. Anfangs könnt Ihr da aber Reihen anlegen, Reihen mit Salat, mit Kohl, mit Pflanzen, von denen Ihr immer mal etwas abpflückt und die lange stehen bleiben. Dazu können gehören: Stangensellerie, einige wenige Tomatenpflanzen, Neuseeländer Spinat, Brokkoli, Zucchini und einige Gemüsekürbisse. Normalerweise steht etwas Schnittlauch oder Stangensellerie direkt am Pfad. Ihr könnt auch gut Brokkoli dahin pflanzen. Auch Mangold bleibt lange stehen und sollte deshalb hier und da am Weg wachsen. Paprika und die meisten Tomaten stehen weiter hinten und Radieschen überall dazwischen.

Ich glaube, es hat keinen Sinn, nicht kletternde Erbsen oder Bohnen anzubauen. Was die Hackfrüchte angeht, so kommen die normalen Hackfrüchte weit nach draußen, außer Sachen wie Rote Bete, von denen man ja auch die Blätter ernten kann. Und dann kommen die Hauptanbauflächen mit lagerfähigen Gemüsekürbissen, mit Mais, Karotten, Zwiebeln, Pastinaken, Winterkohl. Ich pflanze hier und da immer etwas Kresse, das schmeckt gut im Salat.

Wenn der Sommer kommt, stehen die Topinamburpflanzen schon ziemlich hoch und bilden eine lebende Hecke. Innerhalb des Gartens werden hier und da auch einige ausgefallene Sachen stehen. Gurken sind Teil des Spaliersystems und müssen wohl auf die warme Seite. Auf der kühlen Seite können andere Pflanzen stehen, zum Beispiel Feuerbohnen. Das sind so ziemlich die besten Bohnen, die es überhaupt gibt.

Man kann für bestimmte Pflanzen oder Pflanzengruppen günstige Umweltbedingungen schaffen und diese Pflanzen dann immer wieder an demselben Platz anbauen.

Die Kartoffelkiste

Bei einem sehr kleinen Garten lohnt es sich, einen Strohkasten für den Kartoffelanbau zu bauen, der dauerhaft ist. Macht einen Kasten mit einer Grundfläche von etwa zwei mal zwei Metern und tut etwas Stroh oder Meeresalgen hinein. Dann legt Ihr die Kartoffeln im Abstand von gut zwanzig Zentimetern aus. Streut etwas Holzasche darüber und füllt den Kasten mit Stroh auf. Euer Klient kann dann seine Kartoffeln aus dem Stroh pflücken. Einige werden oben grün werden. Steckt diese einfach wieder unters Stroh. Haltet die Sache andauernd in Gang. Keine Erde, kein Boden. Der Rahmen lässt sich gut aus jungen Baumstämmen bauen. Die Borke verrottet und liefert Nährstoffe. Benutzt keine größeren Mengen Sägemehl, und wenn, dann gut verteilt. Sonst schneidet es die Luftzufuhr ab. Auch zu viel Blattwerk ist schlecht, es verfilzt sich und es entsteht anaerobe Gärung. Benutzt jedes Jahr denselben Strohkasten für Eure Kartoffeln. Wir haben schon seit zwölf Jahren Kartoffeln in Strohkästen. Ich kenne Leute, die machen das so, seit ich denken kann. Es macht auch nichts, wenn der Kasten auf Beton steht.

In der Nähe sollte man immer etwas Beinwell anbauen. Später kann man dann ein Beinwellblatt pflücken, die Kartoffeln darin einwickeln und unters Stroh stecken, so hat man Kali und andere Nährstoffe. Außerdem sollte in der Nähe Eurer Kartoffelkiste auch ein kleiner Topf mit Minze stehen, die Ihr dann mit den Kartoffeln zusammen kochen könnt. Wenn Ihr Eure Kartoffeln erntet, erntet Ihr gleichzeitig Eure Minze. Sie gehört in einen Topf, damit sie sich nicht ausbreitet.

Eure Strohkiste ist auch ein guter Platz für Meerrettich. Er verträgt sich gut mit Kartoffeln. Man kann dafür einen besonderen Platz einrichten: Nehmt vier alte Tontöpfe und versenkt sie in den Boden, sodass sie oben noch etwas herausschauen. Jedes Jahr füllt Ihr diese Töpfe neu mit guter Erde und steckt Eure Meerrettichwurzeln hinein. Meerrettich ist normalerweise nämlich schwer zu ernten. So wächst er gerade, lässt sich leicht abbrechen und ganz einfach aus dem Boden holen.

Kompost oder Mulch?

Beim Kompostieren reduzieren sich die Nährstoffe, manchmal bis auf ein Zwanzigstel der ursprünglichen Menge. Und das, obwohl Kompost normalerweise nur ein Zwölftel der Nährstoffe von Mulch enthält. Man arbeitet hart, um die Nährstoffmenge drastisch zu reduzieren. Die meisten verschwinden in der Luft. Sie werden beim Kompostierungsprozess verbraucht. Wir hören besser ganz mit dem Kompost auf. Wir wollen zurück zum Flächenmulchen. Beim

Kompostieren packt man eine Menge Material auf kleinstem Raum zusammen und lässt den ganzen Zersetzungsprozess heiß ablaufen, für einige Sachen mag das angemessen sein. Wenn man mulcht, breitet man die Materialien aus und lässt den Prozess viel langsamer und auf der Erdoberfläche ablaufen. Verluste durch Auswaschung werden von der Erde aufgefangen und die ganzen Aktivitäten der Kleinlebewesen verteilen sich über die gesamte Fläche. Wenn der Mulch dann zu Kompost geschrumpft ist, sind die meisten dieser Aktivitäten beendet. Den größtmöglichen Nutzen aus dem Material zieht man mit Flächenmulch. Wer die Pflanzennährstoffe im Boden vermehren will, sollte effektiv vorgehen.

Manche Sachen eignen sich gut zum Kompostieren, aber man braucht nur eine sehr kleine Menge Kompost, weniger als einen Kubikmeter. Das reicht für einen Riesengarten. Ein bisschen Kompost aufs Saatbeet, ein bisschen für die Aussaatkisten und ein bisschen fürs Gewächshaus – mehr braucht man nicht.

Fast alle Werte, die wir in Kompost messen, liegen niedriger als die entsprechenden Werte für einen Boden, der unter Flächenmulch gelegen hat. Die Umgebung des Komposthaufens ist zwar superfruchtbar, aber diese Bedingungen lassen sich nicht auf den übrigen Garten übertragen, indem man den Kompost ausbringt.

Am besten geht Ihr mit Eurem Mulch um, wenn Ihr ihn an einem trockenen Platz lagert, bis Ihr ihn braucht. Wenn Ihr Blätter sammelt, dann lagert die Haufen unter Kiefern. Dort bleiben sie trocken und zersetzen sich nicht. Ich verwende auch bis zu fünf Zentimeter dicke Zweige zum Mulchen. Legt sie einfach zwischen die Erbsen und tut anderen Mulch darüber. Ich benutze auch große Borkenstücke. So kriegt man ein dick gemulchtes Gebiet, in das man gut Jungpflanzen setzen kann. Für kleine Samen ist eine solche Mulchschicht aber zu dick.

Küchenabfälle können direkt in den Garten wandern. Nehmt einfach eine Handvoll Mulch, verstreut die Abfälle ein wenig und deckt sie mit Mulch zu. Im Winter friere ich Küchenabfälle in Blöcken ein. Wenn man Teeblätter und Bananenschalen auf den Mulch tut, sind sie schon am nächsten Morgen weg. Fett schütte ich einfach so auf den Boden.

Mit Unkräutern geht man genauso um wie mit Küchenabfällen. Gemulcht lassen sie sich leicht ausrupfen, selbst Ampfer. Ich drehe sie um, sodass ihre Wurzeln in der Luft sind. Deckt dann einfach den oberen Teil des Unkrauts mit Mulch zu. Ich lasse Unkräuter immer schön groß werden. Sie sind gut.

Wenn Ihr das Material in die Erde einarbeitet, entzieht Ihr dem Boden Stickstoff. Verwendet Ihr es aber zum Mulchen, dann werdet Ihr niemals Stickstoffmangel haben. Mulch ist mit achtzig Prozent Stickstoff durchsetzt. Alles, was Stickstoff braucht, bekommt ihn nämlich aus der Luft. Bei all dem sauren Regen heute fällt aber leider auch Salpetersäure auf die Böden.

Regenwürmer liefern den besten Dünger bei gleichzeitig höchstem Flächenertrag. Das ist ein weiterer Grund, der gegen das Kompostieren spricht. Statt das Material im Komposthaufen zerfallen zu lassen, wird es überall auf der Oberfläche von den Regenwürmern gefressen und man bekommt eine Menge Regenwurmdünger. In den meisten Gärten dauert es ungefähr drei Tage, bis eine Sägemehloberfläche völlig von den Kothäufchen der Regenwürmer bedeckt ist. Ich weiß nicht mehr, wie viel Tonnen Mist pro Hektar man von Regenwürmern bekommt. Aber man kriegt ein Material mit hohem Gehalt an Stickstoff, Kali und Phosphat. Und dieses Material ist alkalisch. Das kann für Euch von Interesse sein, weil sich, wenn man auch Kiefernnadeln verwendet, nach zwei bis drei Jahren Mulchen Schichten mit einem pH-Wert von 6 bis 3 bilden, also Schichten mit verschiedenen pH-Werten. Wenn Euch jemand fragt: »Welchen pH-Wert hat Ihr Boden?«, dann antwortet: »Jeden!« Ihr werdet feststellen, dass verschiedene Pflanzen ihre Wurzeln in verschiedenen Ebenen ausbreiten und dass Pflanzen, die nur auf sauren Böden gedeihen, direkt neben Pflanzen wachsen, die alkalische Böden brauchen.

Wer auf seinem Grundstück ein kleines Flüsschen hat, hat auch Muscheln darin. Ihr könnt die Schalen unter den Mulch mischen, sie werden sich langsam auflösen. Das dauert drei Jahre. Sie lösen sich in dem Maße auf, wie sie gebraucht werden. Ich mulche mit Austernschalen, Kammmuschelschalen, Kiefernnadeln, Seetang, Heu, Stroh. Manchmal mulchen wir auch mit Konservendosen, besonders bei Zitrusfrüchten.

Algen, große Mengen Rasenschnitt oder auch große Mengen Hopfen werden schleimig. Bringt davon keine dicke Mulchschicht von nassem oder feuchtem Material aus, das ist nicht gut für Euren Garten. Euer Garten braucht Luft. Heu sollte erst den Hühnerhof durchlaufen, Stroh könnt Ihr unmittelbar ausbringen.

Für jede Pflanze die besten Bedingungen

Für jede Pflanze, die Ihr anbauen wollt, richtet Ihr passende, dauerhafte, gut geplante kleine Systeme ein. Wenn Ihr Gurken anbauen wollt, könnt Ihr auch ein Loch graben, einen etwa 1,20 Meter hohen Zylinder aus Drahtgeflecht aufstellen und die Sache ist dauerhaft, Ihr baut Eure Gurken immer da an. Solche Dinge wollen alle ausgearbeitet sein. Im allgemeinen Garten betreibt Ihr an jedem Ort eine Art Fruchtwechsel. Aber immer, wenn Ihr mit Mist düngt, zum Beispiel Gurken, Kartoffeln oder Spargel, dann macht keinen Fruchtwechsel. Bei Tomaten erweist sich Fruchtwechsel tatsächlich als nachteilig. Tomaten wachsen besser, wenn sie immer an demselben Platz stehen. Ihr richtet also ein dauerhaftes Tomatenbeet ein.

Zusammenarbeit im Garten

Wenn man es mit mehreren Leuten zu tun hat, ist es gut, den verschiedenen Personen die Verantwortung für verschiedene Gebiete zu übertragen. Ein Beispiel: Ich habe eine besondere Art, mit Lauch umzugehen. Ich lasse einige Pflanzen Samen erzeugen und dann nehme ich die kleinen Nebenzwiebeln her und setze sie gleich aus. Das habe ich gerade getan, bevor ich hierher gereist bin. Womöglich kommt ein wohlmeinender Idiot in Euren Garten und rupft den Lauch aus, weil er zu blühen anfängt. Das würde Euch um zwei Jahre zurückwerfen. Jemand rupft Euren Salat aus, weil er anfängt, Samen zu produzieren, aber genau zu diesem Zweck hattet Ihr ihn da stehen. Ihr habt ein Gebiet eingesät und wartet, dass die Pflanzen keimen, aber jemand pflanzt etwas anderes dahin. So was kann einen ganz schön zurückwerfen. Ein größeres Projekt kann bis zu vier Jahre zurückgeworfen werden. Und wenn jemand eine Sache zerstört, an der Ihr besonders lange gearbeitet habt, kann auch die Arbeit von zehn Jahren zunichtegemacht werden.

Wenn man andererseits mit einem Menschen zusammenarbeitet, mit dem man sich sehr gut versteht, und wenn man ihm erklären kann, was man tut, dann kann das auch gut sein. Wenn Ihr verschiedene Aufgaben übernehmt, wenn einer sich um den Kompost kümmert und der andere sich mit dem Säen und Pflanzen befasst, dann ist es möglich, gemeinsam an derselben Stelle zu arbeiten. Aber Ihr solltet dann schon verschiedene Funktionen haben, einer sollte Materialien abmessen und anliefern, der andere sollte die eigentliche Gestaltung übernehmen.

Wir brauchen bessere Mulchsysteme

Wer mulcht, sollte frühen Blattsalat pflanzen. Ihr sät ein Gebiet ein und pflanzt dann die Jungpflanzen in den Mulch. Wer die Jungpflanzen vorzieht, kann die Pflanzen später an alle möglichen Plätze setzen.

Heu ist voller Samen. Die wirft man besser nicht in seinen Garten. Am besten ist es, die Heuballen im Hühnerhof zu öffnen. Dann können die Hühner die Samen fressen. Außerdem machen sie sich noch nützlich, weil sie das Heu auseinander zerren und es mit Mist überziehen. Nachdem sie es eine Weile durch die Gegend geschleift haben, recht Ihr es zusammen und bringt es als Mulch aus. Wenn man auf diese Weise mulcht, kommt man mit wenig Mist aus.

Ich bin dafür, unsere Mulchsysteme noch weiter zu verbessern und bestimmte Bäume als Mulchproduzenten anzubauen. Ich weiß noch nicht, welche das sein könnten. Einige kennen wir, wir wissen, dass manche Bäume sauren Mulch erzeugen und manche alkalischen, dass die Blätter von manchen Bäumen reich an Kali sind und andere viel Stickstoff enthalten. Um herauszufinden, welche Bäume für ein bestimmtes Grundstück geeignet sind, müsste man diese Frage intensiver untersuchen. In der Wüste bauen wir Tamariske und Casuarina (Känguru-Baum) als Mulchproduzenten an. Bei allen Bäumen ist die Rinde reich an Kalzium und Nährstoffen.

Wenn Ihr Euren Garten in einem Gebiet mit schwerem, feuchtem Lehm anlegen wollt, dann seid Ihr in einer glücklichen Lage. Auf kieseligem Sand andererseits werdet Ihr ernsthaft Schwierigkeiten bekommen. Lehm ist erstklassig im Bezug auf Wasserspeicherung und weil Ihr mulcht, werden sich die Pflanzenwurzeln nahe an der Oberfläche ausbreiten und brauchen sich nicht mit dem Lehm herumzuschlagen. Lehm speichert ganz enorme Mengen Wasser. Robuste Lehmgärten sind die besten Mulchgärten.

Wollt Ihr eine Rasenfläche in einen Garten verwandeln? Kein Problem: mulcht einfach! Bei uns zu Hause ist es ganz normal, dass Leute ihren Rasen mit Mulch überziehen. Wenn Ihr beschließt, ein Stück Rasen in Garten zu verwandeln, deckt es einfach mit Mulch zu und pflanzt all Eure kleinen Pflanzen durch den Mulch in eine Handvoll Erde. Legt Eure Kartoffeln unter den Mulch und macht den Rasen geradewegs zu einem Garten.

Mais und Kürbis, Mais und Bohnen

Für jede Pflanze schafft Ihr geeignete Bedingungen. Bestimmte Pflanzen werden traditionell zusammen mit Mais gepflanzt. In ganz Jugoslawien und Südeuropa und in anderen Gebieten mit heißen Sommern wird Mais zusammen mit Kürbisgewächsen angebaut. In Südeuropa werden Mist und Kompost mit Ochsenkarren auf die Felder gebracht und dort zu Hügeln gehäuft, die ungefähr einen Durchmesser von neunzig Zentimetern haben und sechzig Zentimeter hoch sind. Diese kleinen Komposthaufen werden unsystematisch verteilt, oft auf Flächen bis zu vierzig Hektar. Der Mais wird in Reihen gepflanzt, in die Haufen kommen Kürbisse, Melonen und alle möglichen anderen Kürbisgewächse. Der Mais wächst, wird geerntet und überall auf dem Acker liegen Melonen herum wie unzählige Fußbälle.

Eine zweite Gruppe von Pflanzen, die sich gut mit Mais anbauen lässt, sind Stangenbohnen. Aber wenn Ihr beispielsweise Zuckermais anbaut und ihn nicht ausreifen lassen wollt, müsst Ihr, wenn Ihr auf das Feld wollt, um die Kolben zu holen, gleichzeitig auch die Bohnen pflücken. Pflanzt lieber einen etwa 1,20 Meter breiten Streifen Mais, aber lasst einen Mittelstreifen frei. Dort hinein setzt Ihr euren Komposthaufen und pflanzt Kürbisgewächse. Im Grunde ist das auch eine Art Randzone, die wir hier einrichten. Eure Bohnen pflanzt außen herum. Nun könnt Ihr Mais und Bohnen ernten und wenn es Zeit ist, die Kürbisse zu ernten, könnt Ihr auch das tun, weil

Mais und Bohnen rund um einen Komposthaufen mit Kürbisgewächsen

der Mais dann abgeerntet ist. Das ist ein fruchtbares kleines Gebiet und Ihr könnt immer wieder Mais anbauen.

Tomatenpflanzen können keinen Wind vertragen, sie werden durch Wind schwer beeinträchtigt. Deshalb brauchen sie einen nach Süden ausgerichteten Windschutz. Ihr könnt die Tomaten auch mit einem Pfahl stützen. Basilikum und Petersilie vertragen sich gut mit Tomaten.

Zur Kontrolle von weißen Fliegen sollten wir Kresse anbauen. Es gibt eine kleine, gelbe, buschförmige Sorte, die keine Ausläufer bildet. Die Wurzeln werden ganz gerade nach unten wachsen und in Kontakt mit dem Boden kommen.

Wenn Euch Nematoden in Euren Tomaten Sorgen machen, braucht Ihr Studentenblumen *(Tagetes minutia)*.

Auch Stachelbeeren helfen gegen bestimmte Tomatenschädlinge. Wenn Ihr also einige Stachelbeeren anbauen wollt, dann direkt an die Tomatenpflanzungen angrenzend.

Wir haben also Basilikum auf der heißen Seite, Petersilie auf der kalten Seite, Studentenblumen hier und da in kleineren Gruppen, Topinambur als Windschutz und einen kühlen, weiträumigen Windschutz aus Stachelbeeren. Das ist ein ganz gutes System zur

Tomatenproduktion. Das Beet ist dauerhaft für Tomaten gedacht. Im Frühjahr könnt Ihr noch Salat darin anbauen, im Winter Saubohnen.

Der Eingang in diesen Bereich ist sehr effizient. Es ist ein etwa eineinhalb Meter breiter Schlüsselloch-Eingang.

Wenn wir im Herbst aufräumen, nehmen wir einige gute Tomaten und stecken sie ganz unter den Mulch. An jeder dieser Stellen erhaltet Ihr etwa zweihundert Pflanzen. Ihr bekommt also Sämlinge im Überfluss. Das Tomatenkraut verwendet Ihr einfach zum Mulchen.

Als ich mein Beet eingerichtet habe, habe ich einfach einen Teppich hingelegt, Mulch auf den Teppich getan und Tomatenpflanzen in kleinen Hügeln oben draufgesetzt. Dann habe ich kleine Gewächshäuser für die Pflanzen gebaut: Ich habe Plastiksäcke, in denen vorher Superphosphat war, in der Mitte durchgeschnitten und auf vier Stöcken aufgehängt.

Ihr braucht niemals wieder Tomatensamen zu kaufen. Ich habe mir nur einmal eine Portion gekauft. Wenn Ihr einige Tomaten unter den Mulch steckt, liefert das alle Tomatenpflanzen, die Ihr braucht. Aus diesen Sämlingen werden die Tomaten immer rechtzeitig reif.

Wenn Ihr die Geiztriebe der Tomaten entfernt und sie sofort einpflanzt, kriegt Ihr eine ganze Reihe von Pflanzen. Wenn Ihr am Ende der Saison eine gute Tomatenpflanze habt, dann pflanzt Ihr die Geiztriebe in Töpfe mit Torf und bewahrt sie im Gewächshaus auf. Im Frühjahr könnt Ihr die dann auspflanzen.

Wir gesellen unsere Pflanzen zu ihren kulinarischen Gefährten. Ein zusätzlicher Effekt ist, dass sie als Barriere gegen Unkraut wirken. Und wenn Ihr hinausgeht, um Tomaten zu pflücken, könnt Ihr auch gleich Basilikum und Petersilie pflücken.

Ihr könnt auch ruhig noch ein paar Beinwellpflanzen mit in diese Anlage pflanzen. Wenn Ihr ein Beinwellblatt im Wurzelbereich einer Tomatenpflanze unter den Mulch steckt, wird das Kali liefern.

Versucht, Euch mit allen Bestandteilen Eures Hausgartens zu beschäftigen. Richtet ein für Eure Gegend geeignetes System ein und passt es den Gegebenheiten an. Wenn Ihr ein Standard-Design entwickelt habt, dann könnt Ihr das aufschreiben und vervielfältigen.

Kleine Teiche

Ich möchte noch einmal betonen, dass in Gebieten, wo der Boden nicht erodiert ist, ein Teich eine gute Sache ist, und zwar zentral gelegen, zum Beispiel im Kräutergarten. Wenn wir nur ein bisschen Forschung betreiben, indem wir bereits publizierte Daten sichten, können wir viele Wasserpflanzen mit hohem Ertrag finden. Diese Pflanzen bringen recht stetige Erträge, weil sie in einer stetigen Umgebung leben.

Einige von ihnen gehören in den Hausgarten. Sie gehören in den Bereich des Gartens, in dem der Umschlag hoch ist. Natürlich gehören auch einige der mehrjährigen Wasserpflanzen in den Hausgarten. Legt also einige kleine Teiche an, mit vielleicht etwas mehr als einen Meter Durchmesser und fünfundvierzig Zentimeter tief. Füllt einige mit etwa dreißig Zentimeter Erde, andere mit ungefähr zehn Zentimeter Erde.

Ein Teich dieser Größe wird etwa zweimal pro Sommer rund zweihundert bis dreihundert Frösche hervorbringen. Die Kaulquappen leben im Teich und die Frösche im Mulch, zwischen Kohl und Salat. Sie kehren in den Teich zurück und sie brauchen eine Stelle, wo sie aus dem Wasser klettern können. Gut ist ein aus Steinen gebauter

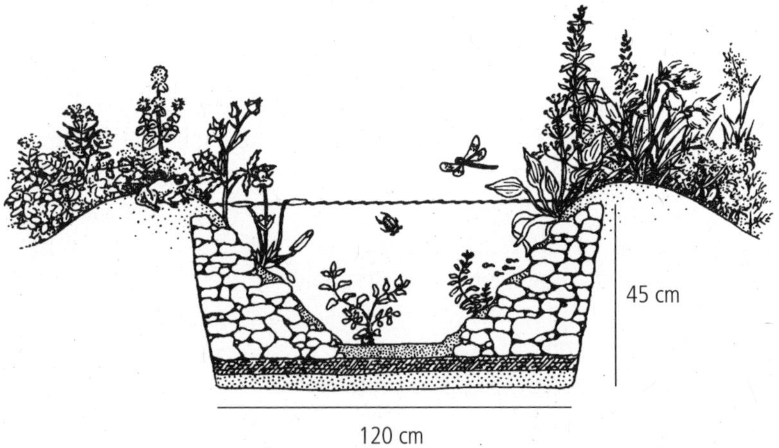

Kleiner Teich für Wasserpflanzen, Frösche und Insekten

Teich, der etwas über die Erdoberfläche hinausragt. Zwischen die Steine pflanzen wir Lappenblumen, Thymian und Knoblauch. Die Lappenblumen kriechen ins Wasser und die kleinen Frösche können an ihnen hinausklettern. Eine andere Möglichkeit ist, einen kleinen Steinhaufen in den Teich zu setzen. Wenn Frösche aus einem Teich nicht herauskönnen, ertrinken sie darin. Also muss man ihnen einen geeigneten Ausgang verschaffen.

Moskitos können wir auf zwei verschiedene Arten bekämpfen. Ich pflanze immer ein bisschen Knoblauch in die Nähe des Teiches und zerquetsche die Knollen über dem Wasser. Das ist die beste Methode. Es bringt die Larven um. Lasst einfach das Knoblauchöl auf dem Wasser schwimmen. Es bringt fast alle um. Die Kaulquappen werden von dem Knoblauch nicht getötet. Zwar fressen auch Kaulquappen einige Moskitos, aber das kann man nicht als Kontrollmaßnahme bezeichnen. Das zweite Mittel zur Moskitobekämpfung sind Rückenschwimmer. Auch sie machen den Kaulquappen nichts aus. Rückenschwimmer kommen von selbst in den Teich. Falls sie es aber nicht tun, fangt Euch welche und setzt sie ein. Wir haben ein Standard-Design zur Moskitokontrolle, das wir nie gedruckt haben. Der Autor hat auf dem Gebiet der Moskitokontrolle promoviert. Knoblauch ist viel effizienter als Öl und er schont andere Organismen.

Teiche lassen sich aus alten Viehtränken konstruieren, aus alten Badewannen, großen Traktorreifen oder was immer man gerade zur Hand hat. In manchen Gegenden, in denen wir arbeiten, graben wir einfach ein Loch in den Lehm und verdichten die Oberfläche mit einer Handramme.

Spaliere

Heiße Mikroklimata in der Nähe des Hauses eignen sich gut für Spaliere und Spaliere wiederum können effektiv als Teil des Klimakontrollsystems genutzt werden. Spaliere können bis ans Küchenfenster heranreichen. Die Spalierpflanzen sollten Laub abwerfend sein: Hopfen, Wein, Feuerbohnen. Hopfen ist eine edle Pflanze, die sich sehr gut als Kissenfüllung für Kinder eignet. Sie schlafen auf einem Hopfenkissen problemlos ein und können nicht daran ersticken.

Ihr solltet vermeiden, dass kalte Winde an Eurem Haus entlang streichen. Auch das können wir mit einem Spalier verhindern. An diesen Spalieren können immergrüne Kletterpflanzen ranken.

In der Nähe des Eingangs solltet Ihr duftende Pflanzen haben, Geißblatt, Jasmin, Flieder. Ein Garten sollte auch riechen wie ein Garten. Es ist schön, wenn man abends vor die Tür tritt und es riecht gut. Pflanzt ein paar Maiglöckchen zwischen den Schnittlauch am Eingang. Der Haupteingang sollte ästhetisch ansprechend sein. Aber Ihr könnt in diese Umgebung trotzdem ein paar Pflanzen setzen, die die Reflexion von der Wand brauchen. Vielleicht ist hier ein guter Platz für Paprika?

Es gibt eine ganze Reihe von Pflanzen, die an schattigen Stellen gedeihen können, die aber unter Bäumen keine guten Erträge bringen. Fast alle Beerenfrüchte tragen aber noch ganz gut, wenn der Schatten eines kleinen Baumes über sie wandert. Himbeeren und Erdbeeren gehören an solche Plätze, ebenso Schwarze Johannisbeeren, Stachelbeeren gedeihen ganz ausgezeichnet im Schatten, besonders die Sorten mit grünen Früchten.

Wenn Ihr mit der Renovierung eines Steinhauses befasst seid, dann empfehlt, die Nordwand mit Efeu zu überziehen. Das macht viel aus. Efeu vermindert den Wärmeverlust um vierzig Prozent und hält den Wind von der Wand ab. Außerdem schützt er die Wand ganz fantastisch. Eine mit Efeu berankte Mauer sieht nach hundert Jahren viel besser aus als die gleiche Mauer ohne Efeu. Das gilt nur für Stein, nicht für Holz. Wenn Ihr Euch aber die Mühe macht, ein Spalier vor Eure Holzwände zu bauen, dann könnt Ihr Efeu auf dem Spalier ranken lassen. Das wird den Wind abhalten.

Es ist gut, Spalieren mit etwas Dauerhaftem den Rücken zu stärken, sodass das Spalier ein dauerhafter Bestandteil des Gartens wird. Wenn Ihr dazu Stein nehmen wollt, dann benutzt oberhalb des Steins ein anderes Material, denn Steinwände erzeugen ziemliche Turbulenzen. Ihr könnt auch mit flachen Steinen bauen und die Wand zu vierzig Prozent luftdurchlässig machen. Lasst eine Menge Löcher in der Wand – bis auf die unteren sechzig Zentimeter. Viel besser ist es, die Steinwand mit einer Pflanze zu überziehen, die höher als die Wand ist und teilweise Wind abschwächend ist. Sonst kriegt Ihr massive Turbulenzen, Zonen niedrigen Luftdruckes, schnelle Verdunstung – all die Dinge, die Ihr lieber vermeiden möchtet.

Spaliere brauchen nicht immer vertikal zu sein, sie können auch horizontal angelegt sein. Bei Renovierungsaufgaben könnt Ihr horizontale Spaliere oft sehr effektiv einsetzen. Bei Renovierungen wird man zum Beispiel oft versuchen müssen, ein übermäßiges Aufheizen des Hauses im Sommer zu verhindern. Dafür sind horizontale Spaliere am besten geeignet. Man setzt an die Spaliere Pflanzen, die im Sommer Blätter haben und im Winter nicht. Das Spalier lässt sich leicht so einrichten, dass es die Sommersonne blockiert, die Wintersonne aber durch die Fenster lässt. Wenn Ihr unter Wüstenbedingungen arbeitet, baut die allermeisten Spaliere in horizontaler Form. Ein ans Haus angebautes horizontales Spalier schafft einen Platz, wo man bei schlechtem Wetter hingehen kann. Hier könnten auch verschieden Kleintiere Platz finden: Wachteln, Kaninchenställe, Taubenschläge oder Bienen. Bienenstöcke stellt Ihr am besten so hoch auf, dass die Bienen über Euren Köpfen ausfliegen können.

Noch ein paar wichtige Überlegungen

Dann müsst Ihr Euch überlegen, wohin Unkrautbarrieren, Pfade, Parkplatz, Eingang und Mulchlagerplatz kommen sollen. Zugangswege gibt es wahrscheinlich schon. Wenn Ihr all diese produktiven Einheiten im Garten eingerichtet habt, wird Eure Arbeit zur Routine und ist leicht zu schaffen, ja, sie geht fast von selbst. Die Kartoffeln wachsen »kartoffelgemäß«, die Tomaten, wie es Tomaten gebührt. Der Mais wächst in einem System, das immer weiter produziert.

Wenn wir ein Design machen für ein Grundstück von fünfhundert Quadratmetern mit einem großen Haus darauf, dann sollten wir auf alle Pflanzen verzichten, die nur wenig Ertrag bringen wie Artischocken, die einen Quadratmeter Platz brauchen und nur ganz wenig Nahrung erzeugen.

Wenn das Grundstück aber tausend Quadratmeter groß ist, können wir hier und da ein paar Pflanzen mit niedrigerem Ertrag unterbringen. Wenn Ihr beschränkten Raum habt, verwendet Topinambur anstelle von Sonnenblumen. Im Vergleich zu Sonnenblumen ist Topinambur eine sehr ertragreiche Pflanze.

In den Bereich des dauerhaften, nicht umgegrabenen Gartens kommen kleine Hecken. Hier und da verstreut sollten mehrjährige Doldengewächse wie Fenchel stehen, weil sie gut für Wespen sind. Auch solltet Ihr in diesem Bereich andere Dinge einrichten wie Unkrautbarrieren, Feuerbarrieren und kleine dauerhafte Plätze, wo Zaunkönige nisten und Wespen überwintern können. Pflanzt solche Fruchtarten, deren Früchte man normalerweise oft pflückt, ein paar Himbeersträucher und Monatserdbeeren. Ich setze auch immer einige Fuchsien vor das Schlafzimmerfenster, weil sie das ganze Jahr über blühen. Wenn man morgens das erste Mal aus dem Fenster schaut, sind sie ein schöner Anblick.

Bevor Ihr ein Gewächshaus baut, seht Euch das Haus an. Wenn Ihr einen dreihundert Meter hohen Berg im Westen habt, dann dreht das Gewächshaus herum, bis es in die Mitte des Himmels zeigt. Richtet es nicht nach Süden aus, sondern in die Himmelsmitte. Seid nicht so dumm, Euer Haus genau nach Süden auszurichten, wenn es ab drei Uhr nachmittags im Schatten liegt, weil die Sonnenzeit von acht Uhr morgens bis drei Uhr nachmittags ist. Richtet das Haus nach dem Mittel der Sonnenzeit aus.

Lösungen für Energieprobleme

Mollisons Trick

Euer Gewächshaus ist ein »sammelndes« System. Besorgt Euch eine Menge Spiegel und bringt sie so unter dem Dach des Hauses an, dass der Brennpunkt in 2,40 Meter Höhe vor dem Haus ist und da ist auch Euer Zufahrtsweg. Ihr fahrt mit Eurem Auto darunter, greift es mit einem Magneten, zieht es hoch in den Brennpunkt Eurer Spiegel und es schmilzt. Ihr habt ein Loch im Boden, das von einem Kupferrohr umgeben ist. Euer Auto schmilzt und tropft in dieses Loch hinein. Das macht Ihr gegen Ende des Herbstes. Dann deckt Ihr das Loch zu und das Kupferrohr heizt Euer ganzes Haus und bereitet Euch heißes Wasser. Das funktioniert den ganzen Winter über, denn Ihr habt geschmolzenes Metall da unten. Ich schätze, das ist die Lösung des amerikanischen Energieproblems. Schmelzt Eure Autos!!!

Aber mal im Ernst, ich glaube, wir könnten Häuser bauen, die selber enorme Energiesammler darstellen würden. Das ist in Australien mal unbeabsichtigt passiert mit einem fünfstöckigen Bürohaus, das verspiegelte Fenster hatte, Glasscheiben mit Kupfer oder Gold überzogen. Aber der Brennpunkt liegt etwa fünf Meter über den Köpfen der Fußgänger. Dort ist ständig eine aufsteigende Säule heißer Luft und die kalte Luft wird da hineingesogen und steigt auch auf. Die unteren Etagen sind recht ungemütlich ...

Der Indianer-Trick mit dem Speckstein

Ich habe noch andere Lösungen für Euer Energieproblem. Die beste Lösung ist diese: Es gibt einen Stein, den die Indianer benutzt haben, Speckstein, er hat eine enorme Wärmespeicherfähigkeit. Heizt ihn auf und nehmt ihn mit ins Haus, wo Ihr ihn zum Heizen und Kochen benutzen könnt. Wenn dann ein sonniger Tag ist und der Speckstein gerade einmal nicht mehr viel Wärme gespeichert hat, kommen wir mit unserem Kleinlaster und einem großen, zusammenfaltbaren Parabolspiegel. Damit heizen wir Euren Speckstein wieder auf. Wir haben auch ein Messgerät, mit dem wir genau feststellen, wie viele Kalorien Ihr von uns bekommt, und wir verkaufen sie auch für etwas weniger, als Euch Öl kosten würde.

Mir scheint, dass eine technologisch orientierte Gesellschaft nach technologischen Lösungen verlangt. Dies ist aber keine Hightech-Lösung, es ist eher ein alter Indianertrick. Die Indianer pflegten ein Stück davon auf das Gemeinschaftsfeuer zu legen und bei Bedarf dahin zu schaffen, wo sie kochen wollten. Dort benutzten sie den Stein zum Kochen und trugen ihn anschließend auf ein paar grünen Ästen zum Feuer zurück. Ich schätze, so ein System lässt sich leicht anwenden, es ist enorm praktisch und verschmutzt die Umwelt nicht. Stellt Euch vor, Ihr hättet einen Speckstein in Eurem Gewächshaus!

Mollisons super ausgefuchste, billige, schnelle Solarheizung

Diese Erfindung machte ich, als ich in Molokai am Strand entlang ging und mir den Golfplatz ansah. Ich wollte in den Busch hinauf, um mir einige Dattelpalmen anzuschauen. Ich zog meine Sandalen aus und ging durch den Sand. Meine Füße fingen an zu kochen. Ich hüpfte von einem Fuß auf den anderen. Unter großen Schmerzen zog ich meine Sandalen wieder an und dachte: »Meine Füße fangen hier an zu kochen.« Der Sand war schwarz und unerträglich heiß.

Ihr legt also Wasserrohre durch einen Kasten voll schwarzem Sand. Wenn Euer Sand nicht schwarz ist, dann färbt ihn. Tut eine Glasscheibe obendrauf. Dann habt Ihr etwas, was viel effizienter ist als Kollektoren aus Metall. Die Wärmeleitung ist fantastisch und man hat andauernd kostenloses heißes Wasser.

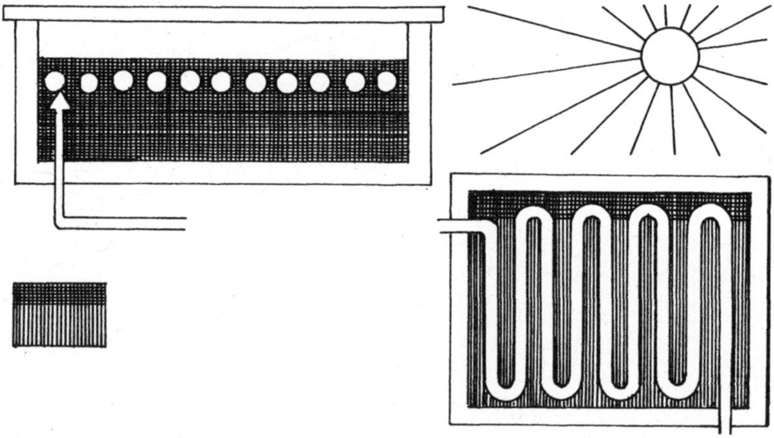

Solarheizung à la Mollison

Die »Energiefabriken« der Natur

Wollt Ihr etwa noch mehr Erfindungen? Ich finde, es reicht.

Was ich sagen will, ist, dass solche »Fabriken« überall in unserer natürlichen Umwelt schon am Arbeiten sind. Der schwarze Sand kocht und trocknet schon seit Urzeiten Materialien. Nehmt einmal einen ausgenommenen Fisch, steckt ihn in zwei Bananenblätter und legt ihn da draußen auf den Sand. Ihr kriegt getrockneten Fisch ohne Fliegen. Ihr könnt im Sand kochen. Das geht besser als mit Metallkollektoren für dreitausend Dollar. Das Prinzip lässt sich überall anwenden. So sieht gute Permakultur-Technologie aus.

Aber ich habe keine Zeit, das alles auszuprobieren. Ich weiß nur, dass es funktioniert. Den Kasten mit schwarzem Sand zum Erwärmen von Wasser habe ich nie ausprobiert, aber ich habe den Tanz am Strand gemacht und das hat mich überzeugt.

Meine Heimatstadt ist ein sehr gutes Beispiel für einen Platz, an dem dieses Prinzip ständig wirksam ist. Die Küste dort besteht aus Basalt mit lauter kleinen Dampflöchern darin. Einige dieser Löcher sind recht groß. Und da schlagen nun die Meereswellen hinein und manchmal fällt auch Regen hinein. Dauernd aber verdampft Meereswasser in diesen Löchern aus schwarzem Basalt. Die Löcher enthalten deshalb sehr salziges Wasser. Der Salzgehalt ist doppelt so hoch wie im Meer. Wenn es regnet, schwimmt das Regenwasser auf dem Salzwasser. Das frische Wasser sitzt also quasi auf dem Salzwasser. Ihr könnt nicht die Hand in so ein Wasserloch tauchen. Das Loch wirkt tatsächlich wie eine Linse, die das Licht des ganzen Himmels bündelt. In dem Loch ist eine Salzlösung mit großer Wärmespeicherfähigkeit, die nach oben hin isoliert ist durch Süßwasser. Da drinnen sammelt sich also Wärme an und das alles geschieht in Basalt. Und alles ist heiß.

Ihr müsst Euch das mal ansehen, es ist faszinierend. Da wachsen Algen, die dem heißen Salzwasser angepasst sind und ganz schön wild aussehen. In verschiedenen Ebenen findet Ihr verschiedene Arten von Moskitolarven, die nur in diesen Löchern vorkommen. Das beweist, dass diese Löcher über lange Zeiten hin weit verbreitet gewesen sein müssen, weil sich sonst die Moskitos nicht so weit an diese besonderen Lebensbedingungen hätten anpassen können.

Da zeigt sich auch wieder, dass der Körper ein Sensor ist. Wenn Ihr mit einer Situation herumspielt und wirklich merkwürdige Bedingungen antrefft, Ihr wisst schon, wenn Ihr Euch plötzlich die Finger verbrennt und Eure Füße zu kochen anfangen, dann aufgepasst! Während Ihr langsam von unten her zu verkochen beginnt, ruft Ihr »Heureka« – ich hab's gefunden!

Überall gehen diese Dinge natürlich vonstatten. In Molokai hat ein Bauingenieur ein Thermometer in den schwarzen Sand gesteckt und nun bastelt er an einer Idee. Wir könnten Wärmekollektoren aus schwarzem Sand auf Wassertanks bauen. Man bräuchte nicht einmal eine Glasscheibe drauf.

Gut, gut, wo waren wir stehen geblieben? Wir waren gerade dabei, die Planung von Zone 1 abzuschließen. Irgendetwas hat uns abgelenkt.

Für den Rand von Zone 1 könnt Ihr Euren Klienten einen Mini-Obstgarten empfehlen aus Bäumen, die mit verschiedenen Sorten veredelt sind. Es kann durchaus sinnvoll sein, Schnurspalierbäume anzupflanzen – nur einzelne Schnüre, vielleicht 1,20 Meter lang, jede mit einer anderen Apfelsorte. Hier ist es angebracht, mit dem Zünglein zu pfropfen. Nur ein kleiner Schnurspalierzaun aus fünf Apfelsorten. In Kalifornien lebt ein Mann, der hinter seinem Haus ein Schnurspalierbaumsystem eingerichtet hat. Von seinem kleinen Grundstück erntet er zentnerweise Äpfel. Er baut hundertfünfzig verschiedene Sorten an. Seine tausend Quadratmeter sind sehr wertvoll. Für diese Gegend hier eignen sich Buschbäume sehr gut, besonders bei Pfirsichen und Zitrusfrüchten. Hier ist die einzige Gegend, in der ich die empfehlen würde. Ich würde Birnen und Äpfel als Schnurspalierbäume und alle anderen Obstarten als Buschbäume anbauen.

Das Gewächshaus

Solange wir uns noch in Zone 1 bewegen, sollten wir auch einen Blick auf das Gewächshaus werfen. Es ist so gebaut, dass es im Winter die Lichtreflexion durch den Schnee ausnutzen kann. Dafür brauchte man nicht unbedingt Schnee, man könnte auch weißen Quarzit nehmen.

Sobald das System etwas größer wird, bauen wir sogar zwei oder drei Gewächshäuser. Mir scheint, ein Gewächshaus ist eine sehr vernünftige Einrichtung. Allerdings werden die meisten Gewächshäuser nicht sehr vernünftig genutzt. Viele werden nur zur Verlängerung der Saison von Gemüsearten benutzt, die ohnehin im Garten angebaut werden und die sich auch lagern ließen. Solche Sachen sollten im Gewächshaus möglichst wenig angebaut werden. Oder man sollte solche Gemüsearten nur in **einem** Gewächshaus haben. Eines sollte auch ausreichen, um das Gemüse anzubauen, das Ihr im Winter essen wollt.

Welche anderen Arten von Pflanzen wären also angebracht? Da gibt es im Wesentlichen zwei Gruppen, nämlich Pflanzen zum Gelderdienen und kritische Arten.

Einer der Gründe, warum wir anderen Erdteilen zur Last fallen, ist der, dass wir ihre Landwirtschaft dazu bringen, Pflanzen anzubauen, die bei uns nicht gedeihen, und solche Pflanzen machen einen beträchtlichen Anteil unserer Nahrung aus. Viele Gewürze und Getränke fallen in diese Kategorie. Zwar werden einige davon jetzt auch in den Industrienationen angebaut, aber sie erfordern einen hohen Einsatz von Arbeit. Ich habe eine Liste aufgestellt, die den Verhältnissen in Tasmanien angemessen ist – damit habe ich mir viel Mühe gegeben. Ihr könntet eine Liste für Eure Gegend aufstellen, die sich ja nicht so sehr von Tasmanien unterscheidet. Geht einfach Eure Einkaufslisten durch und schaut nach, was in Euren Regalen steht.

Ingwer und Ananas

Vielleicht verbraucht Ihr zwanzig frische Ingwerwurzeln im Jahr. Ihr steckt eine grüne Ingwerwurzel in eine kleine Wanne und schon fängt sie an zu wachsen. So könnt Ihr dauernd Ingwer ernten. Ich habe da meine Zweifel, aber vielleicht esst Ihr bis zu zwanzig Ananasfrüchte im Jahr. Die lassen sich sehr leicht anbauen, nicht nur im Gewächshaus, sondern sogar im Haus selber. Mitte des 19. Jahrhunderts war Ananas eine weit verbreitete Zimmerpflanze in England. Für die Ananas müsst Ihr eine ganz bestimmte Technik anwenden. Sie benötigt Ethylen, um Frucht anzusetzen. Äpfel produzieren Ethylen. Haltet einige Äpfel bereit, wenn die Ananas zu blühen anfängt. Legt sie neben die Ananas auf den Boden. Eine andere Möglichkeit ist, in der Nähe einen Topf mit Löwenzahn zu haben, weil auch Löwenzahn ständig Ethylen erzeugt.

Vanille und Zimt

Vanille ist eine robuste Orchideenart. Sie wird in jedem Gewächshaus an der Rückseite gedeihen, wenn der Platz halbwegs warm ist.

Der Zimtbaum lässt sich sehr leicht vermehren. Seine Stecklinge bewurzeln sich und er schlägt aus dem Wurzelstock wieder aus. Wenn Ihr einen Zimtstock abschneidet, wachsen vier nach. Die Pflanze hat einen zweijährigen Erntezyklus. Hält man sie in einem Topf, dann braucht sie nur einen zehntel Quadratmeter Raum im Gewächshaus. Mit einem Topf könnte man genug Zimt für alle Leute in der Umgebung erzeugen. In den Tropen wächst Zimt oft am Straßenrand. Aus den Blättern lässt sich Zimtöl destillieren. Die Blätter sind auch als Dünger sehr wertvoll.

Tee und Kaffee

Tee ist ein kleiner Strauch aus der Familie der Kamelien und kann ziemlich niedrige Temperaturen aushalten. In den Tropen wächst er oben auf den Bergen. Gut ist er als grüner Tee, man kann ihn aber auch fermentieren. Auch bei Tee reicht eine einzige Pflanze, um sich zu versorgen. Die Teepflanze ist ein schönes Kraut. Bis zum vierzigsten Breitengrad lässt es sich im Freien anbauen. Überall, wo Kamelien wachsen, kann man auch Tee anpflanzen.

Der Kaffeestrauch kann gut Schatten vertragen, hat schöne Blüten und einen feinen Duft. Er gedeiht recht gut in Büros, die gut beleuchtet sind, selbst wenn das Licht dort hauptsächlich künstlich ist. Er trägt viele essbare Beeren. Spuckt die Kerne aus, nehmt sie mit nach Hause und röstet sie. Ein einziger Busch wird Euch pfundweise Kaffeebeeren liefern.

In dem Maße, wie wir Tee, Kaffee, Zimt und Ingwer importieren, zerstören wir die bäuerliche Lebens- und Wirtschaftsweise in fernen Ländern und bewirken, dass dort nicht mehr Nahrung für die einheimische Bevölkerung angebaut wird, sondern Spezialprodukte für uns. Und das nur, damit wir mit Produkten versorgt werden, die nicht einmal zur eigentlichen Gruppe der Nahrungsmittel gehören.

Ich denke deshalb, es ist an der Zeit, Gewächshäuser zu bauen und diese Produkte selbst zu erzeugen und damit aufzuhören, anderen Völkern zur Last zu fallen. Wer in seinem Gewächshaus fünf oder sechs Teepflanzen anbaut, kann zwanzig oder dreißig Haushalte mit Tee versorgen. Wenn Ihr Zimt anbaut, könnt Ihr genug für hundert Haushalte ernten. Ich denke, dass wir verpflichtet sind, diese Pflanzen in einigen beheizten Gewächshäusern anzubauen.

Bananen, Gelbwurz und Zitronen

Im Inneren von Australien, wo ich zweistöckige Gewächshäuser gebaut habe, ist es überhaupt kein Problem, Bananen anzubauen. Zwei Bananenpflanzen liefern genug Bananen für eine durchschnittlich große Familie. Für den nötigen Wuchsraum kann man auf zweierlei Weise sorgen. Die eine Methode besteht darin, ein einstöckiges Gewächshaus zu bauen, aber dessen Boden ein Stockwerk tiefer zu versenken, um Platz zu schaffen für diese hohen Pflanzen. Die andere Methode besteht darin, ein zweistöckiges Gewächshaus zu bauen. Es ist jedoch sehr effektiv, das Gewächshaus ein Stockwerk tief einzulassen, sofern es gut drainiert ist. Die Wärmeschwankungen werden ausgeglichen und zum Licht werden die Pflanzen schon schnell genug kommen. Ihr bräuchtet nur eine verglaste Etage, um Vanilleschoten und Bananen in einem solchen Grubengewächshaus anzubauen. Baut die klein bleibende Bananensorte Cavendish an.

Gelbwurz lässt sich genauso leicht anbauen. Euer wichtigster Buschbaum im Gewächshaus ist die Zitrone. Von allen Bäumen wird sie am meisten genutzt und sie ist deshalb sehr wertvoll.

Geld verdienen durch ökologisches Handeln

Es gibt auch viele Möglichkeiten, mit Produkten aus Gewächshäusern Geld zu verdienen. Das beste Einkommen lässt sich mit Schnittblumen, Blumenzwiebeln, Farnen und Zimmerpflanzen erzielen. Aber Ihr könntet auch Vanilleschoten mit Gewinn anbauen. Die müssen von Hand bestäubt werden. Das macht Ihr mit einer Feder. Ihr braucht Euch eigentlich nur dreimal um die Vanillepflanze zu kümmern, einmal beim Beschneiden und Hinunterbiegen, einmal beim Bestäuben der Blüten und einmal beim Ernten der Schoten. Die lasst Ihr dann in einer Wolldecke schwitzen und schon sind sie fertig zum Verkauf. Von einer Pflanze könnt Ihr Hunderte von Schoten ernten. Der kommerzielle Anbau von Vanille ist lohnender als der von Tomaten. Es kommt nur auf Euren Einfallsreichtum an.

In der Dritten Welt ist deutlich sichtbar, dass immer mehr Land zu anderen Zwecken als zur Produktion von Nahrung für die Einheimischen verwendet wird. Wenn Ihr Euch also dem Anbau dieser »Kolonialwaren« zuwendet, ist das eine wirklich gute Sache. Die meisten dieser Pflanzen lassen sich vegetativ vermehren. Die Banane treibt vier Schösslinge, die Ihr an Freunde verteilen könnt. Schneidet einen Trieb von Eurer Gewürzpflanze ab, steckt ihn in den Boden und schon wächst er. Genauso geht es mit dem Papayabaum. Die vermehren sich allerdings auch sehr gut durch Samen. Überall werden kleine Papayas kommen. In kalten Gegenden leben sie bis vierzig Jahre, in den Tropen nur ungefähr vier Jahre.

Denkt über diesen Aspekt der Gewächshausproduktion ruhig einmal nach. Ihr habt nämlich die Möglichkeit, mehr als nur Kohlköpfe zu produzieren. Ihr könnt Nahrungsmittel erzeugen, die sonst unter großen Anstrengungen aus großen Entfernungen herbeigeschafft werden müssen.

Kreativer Umgang mit Gewächshäusern

Bisher habe ich über die Inneneinrichtung von Gewächshäusern noch nicht viel nachgedacht. Es wäre aber gut, das mal zu tun. Ich kann Euch eigentlich nur darauf hinweisen, dass es Strategien gibt.

Gut für das Gewächshaus eignen sich Wachteln. Sie dezimieren Kakerlaken und weiße Fliegen. Lasst sie ab und zu auch ins Haus, damit sie dort mit den Kakerlaken aufräumen. Der ideale Nistplatz für Wachteln ist unter einer Ananaspflanze. Sie fressen winzig kleine Insekten.

Verlegt ein Rohr zwischen dem Teich draußen und einem kleinen Teich im Gewächshaus. Fische werden dadurch schwimmen und im Gewächshaus überwintern.

Ich habe auch mal an die Produktion von Taro gedacht. Taro ist eine ganz gewöhnliche Wurzelpflanze, die im Wasser wächst. Es hat allerdings keinen Zweck, sie dort anzubauen, wo es friert. Im Gewächshaus können ruhig vier oder fünf Taropflanzen sein.

Eine wichtige Pflanzenart fürs Gewächshaus ist Azolla-Farn. Azolla ist ein Stickstoff fixierender Farn, der im Wasser wächst. Wenn wir die Azolla ins Gewächshaus bringen, ist die Pflanze so dankbar, dass sie innerhalb von ein bis zwei Wochen alles überwuchert hat. Von Azolla gibt es achtzehn Spezies. Sie wachsen bis hoch zur kanadischen Grenze und runter bis zum Äquator.

Alles im Gewächshaus ist taillenhoch. Der Boden ist aus Schotter. Genauso gut könnte da ein Teich sein. Was sehr gut in einem Teich wurzelt, sind Blumenzwiebeln. Legt sie auf ein Netz, das Ihr direkt über die Teichoberfläche spannt.

Ich werde Euch erzählen, was mein Freund in Melbourne macht. Er mietet private Swimmingpools und benutzt sie zum Anbau von Blumenzwiebeln, ehe die Badesaison beginnt. Er zieht sie auf Flößen heran. Nutzt Swimmingpools doch einfach für die biologische Produktion, mit Fröschen und Blaubeeren am Rand.

Ich habe das Gefühl, dass wir mit den Gewächshäusern noch nicht sehr weit gediehen sind. Wir haben die Technologie, wir kennen uns mit der Nutzung und der Konstruktion aus und wir wissen etwas über die richtigen Pflanzen dafür. Trotzdem denke ich, dass noch ein langer Weg vor uns liegt.

Einjährige Pflanzen mehrjährig halten

Man kann es schaffen, ein System so in Gang zu bringen, dass man nie mehr Samen kaufen muss. Legt kurze Stücke purpurfarbenen Bandes neben der Tür bereit und bindet sie um Pflanzen, die keiner ausrupfen darf. Jeder sollte die Bedeutung dieses Zeichens kennen.

Bringt alle Samen ins Haus oder hängt einfach die ganzen Pflanzen zum Trocknen auf, ohne die Samen herauszuholen. Ich glaube, so was wird noch mal sehr wichtig für uns alle werden.

Ihr habt zum Beispiel acht Sorten sich nicht kreuzender Gemüsekürbisse. Wenn Ihr schlau seid, entscheidet Euch für einen schönen lagerfähigen Kürbis und verabredet mit Freunden, dass sie Samen von einer etwas anderen Gruppe erzeugen. So habt Ihr Samen von allem. Es gibt auch einen mehrjährigen Gemüsekürbis, der sich nicht mit den anderen Sorten kreuzt, er gehört zu einer ganz anderen Sorte. Überhaupt gibt es bei Gemüsekürbissen eine Menge verschiedener Sorten – zum Beispiel welche aus China und aus Japan. Wir haben schon angesprochen, die Geiztriebe von Tomaten und Paprika einzupflanzen und den Winter über im Gewächshaus oder auf dem Fensterbrett zu halten. Auch Lauch sollte eine dauerhafte Pflanze im System sein. Einige Pflanzen solltet Ihr Samen erzeugen lassen, die Seitenzwiebeln auspflanzen und die Samen verkaufen.

Vielleicht kennt Ihr den Trick noch nicht, Kohlstrünke kreuzweise einzuschneiden: Schneidet den Kohlkopf ab, schneidet den Stamm kreuzweise ein und es wachsen vier kleine Kohlköpfe daraus. Ich bin sogar noch weiter gegangen. Ich habe den Kohlstrunk ganz durchgeschnitten, die Köpfe sind gewachsen, dann habe ich sie voneinander getrennt und sie einzeln wieder eingepflanzt.

Auch Stangensellerie ist eine interessante Pflanze – sie ist eigentlich mehrjährig und nicht einjährig. In tasmanischen Gärten hat man immer noch die mehrjährige Variante. Man kann sich an der Seite immer wieder Stangensellerie abbrechen.

Der Samenhandel hat aus vielen mehrjährigen Pflanzen einjährige gemacht, weil er die Samen immer wieder verkaufen will. In Tasmanien habe ich einen wilden Liebstöckel gefunden, der mehrjährig ist und wie Stangensellerie schmeckt.

Bei vielen Pflanzen nehme ich einfach die Samenstände und streue sie im Herbst überall im Garten aus. Die Samen fallen durch den Mulch. Und im Frühjahr keimt irgendwo Stangensellerie, Petersilie oder Salat. Ich gehe sehr verschwenderisch mit den Samen um. Wenn ich all die Samen kaufen wollte, würde mich das zwanzig Dollar kosten. Ich versuche, die ganze Sache abzukürzen, das Kaufen von Samen, das Heranziehen oder Kaufen von Sämlingen, das Auspflanzen in den Garten, das Ernten der ganzen Pflanze und jedes Jahr den Einkauf neuer Samen. Wir versuchen, Pflanzen heranzuziehen, die den örtlichen Wachstumsbedingungen angepasst sind und die den Kauf von Samen weitgehend überflüssig machen.

In Tasmanien wachsen am Straßenrand viele Apfelbaum-Sämlinge aus Apfelgehäusen, die Autofahrer aus dem Fenster geworfen haben. Und all diese Sämlinge sind gute Apfelbäume, sodass wir uns nicht die Mühe zu machen brauchen, sie zu veredeln. Die Äpfel sind schon intensiv selektiert worden und wir können sie aus Samen ziehen. Alle Laub abwerfenden Bäume in Tasmanien sind importiert. Es gibt keine wilden Apfelbäume.

Wir haben eine frostresistente Apfelsine aus Kernen gezogen. Auch Nektarinen aus Kernen sind gut. Zitronen halten Frost aus, ebenso Mandarinen. Ich war einmal in New South Wales, wo alle Mandarinen am Boden festgefroren waren. Wenn man sie losbricht, bleibt ein Stück von der Schale am Boden haften. Diesen Bäumen macht es nichts aus, wenn es eine Nacht lang einige Grad unter null ist.

In den Hausgarten sollten Saatbeete integriert sein – fünf Quadratmeter zum Heranziehen von Sämlingen. Man sollte ständig neue darin heranziehen. Von den Früchten, die wir essen, bewahren wir fast alle Samen, also die Kerne, auf. Wir lassen sie einfach auf der Fensterbank trocknen und gegen Ende des Sommers, wenn wir eine Menge zusammenhaben, packen wir sie in Sägemehl, tun sie nach draußen in eine Kiste, lassen sie vom Regen befeuchten und vom Frost angreifen. Von da an gucken wir ab und zu unter das Sägemehl und sobald die Samen zu keimen beginnen, pflanzen wir sie überall aus. Das kommt ganz schön in Gang. Je mehr Früchte Ihr esst, desto mehr wachsen bei Euch.

Futtersysteme und Tiere in Zone 2

Pflanzen und Samen statt Getreide

(Anmerkung des Übersetzers: Futter = forage; zur Bedeutung des englischen Wortes gehört, dass die Tiere das Futter an Ort und Stelle selbst ernten.)

Noch nie in der Geschichte hat irgendjemand auf der Welt Tierfuttersysteme entworfen und verwirklicht.

Die Weiße Maulbeere *(Morus alba)* ist als Hühnerfutter so wertvoll wie eine doppelte Getreideernte. Die Frucht enthält siebzehn Prozent Eiweiß. Sie ist nicht nur zu der Zeit ein sehr gutes Hühnerfutter, in der die Früchte vom Baum fallen, sondern auch noch später. Wenn die Maulbeeren schon lange nicht mehr da sind, finden die Hühner immer noch Samen. Maulbeerbäume kann man aus recht großen Stecklingen ziehen. Ihr könnt 1,20 Meter lange Stecklinge mit Durchmessern von bis zu vier Zentimeter pflanzen. Lasst die Stecklinge im ersten Herbst bewurzeln und Ihr habt mehrere Bäume. Im folgenden Jahr könnt Ihr das ganze Gebiet bepflanzen und voll in die Maulbeerproduktion einsteigen. In den USA habt Ihr eine der besten Schwarzen Maulbeeren *(Morus nigra)* der Welt. Wenn Ihr zwei oder drei verschiedene Sorten anbaut, wird das Fruchtangebot vielfältiger. Alle Weißdornsorten sind gutes Winterfutter. Dasselbe gilt für den Vogelbeerbaum.

Für die Zeit der Trockenheit im Sommer brauchen wir Grünzeug – Beinwell, Labkraut und jede Menge Mangold. Bei uns zu Hause gibt es Gärtner, die mehr Mangold für ihre Hühner anbauen als für sich selber. In Zone 2 des Gartens sollte man ein paar Dinge haben, die man den Hühnern in ihren Auslauf werfen kann wie Mangold oder Unkräuter.

Noch besser wäre der Erbsenstrauch *(Caragana arborescens)*, um über die Trockenzeit zu kommen. Er ist hier weit verbreitet. Er produziert viele Samen und bindet sehr viel Stickstoff aus der Luft. Die Bauern in Sibirien haben ihr Geflügel ausschließlich mit diesen Samen gefüttert. Die Samen sind immer verfügbar. Und wenn die Hühner nichts Besseres haben, fressen sie sie auch. Wenn sie allerdings Maulbeeren haben, kümmern sie sich nicht um Erbsenstrauchsamen. Und im Sommer fressen sie eine Menge Grünzeug. Aber irgendwann, wenn es keine anderen Samen mehr gibt, stürzen sie sich drauf. Und die Erbsenstrauchsamen sind sehr freundlich zu den Hühnern, zum Beispiel erzeugen sie von selbst Keimlinge.

Wenn Ihr viertausend Quadratmeter mit Scheinakazie bepflanzt – sie liefert das allerbeste Material für Zaunpfosten –, dann könnt Ihr damit rechnen, dass fast fünftausend Kilogramm Hühnerfutter von den Bäumen fallen. Dahinter könnte sich ein kleines Stück Land anschließen, das mit Fukuokas Methoden noch einmal an die tausend Kilogramm Getreide erzeugt. Das für den Fall, dass wir uns mit dem Ertrag der Scheinakazien verschätzt haben sollten.

Um den Boden, falls er sich durch Frosteinwirkung aufwirft, zu stabilisieren, wirft man einige Sonnenblumensamen darauf, die in Lehmbälle eingeschlossen sind, damit die Vögel sie nicht fressen. Solche Frostverwerfungen bieten Euch viele Möglichkeiten. Sät diese kleinen Stellen mit Klee oder Sonnenblumen ein. Hier könnt Ihr auch Knollengewächse pflanzen, beispielsweise Topinambur.

Nehmen wir mal an, wir hätten zweitausend Quadratmeter so bepflanzt – bei vorsichtiger Schätzung ergäben das um die zweitausendfünfhundert Kilogramm Hühnerfutter, das wesentlich mehr Eiweiß als Weizen enthält und viel abwechslungsreicher ist. Es reicht vierzig Hühnern das ganze Jahr.

Wir haben auch andere Vorteile: Wir können den Auslauf der Hühner durch verschiedene Strohhöfe rotieren lassen und in den Strohhöfen große Mengen Getreide anbauen. Bislang haben wir dort ungefähr zweitausendfünfhundert Kilogramm Futter. Davon könnten die Hühner sieben Monate im Jahr leben. Ihr braucht Euer Getreide nicht zu dreschen und in Säcken aufzubewahren. Hängt die Garben einfach auf. Die Hühner werden das Dreschen und Enthülsen selber übernehmen. Dabei haben wir die Gräser, die Insekten und was die Hühner sonst noch finden und zusammenscharren, gar nicht in Betracht gezogen. Ich schätze, dass das noch einmal tausend Kilogramm allein an Protein ergibt.

Kurz bevor Ihr pflanzt, solltet Ihr die Hühner und Enten auf das Land lassen, damit sie den Boden säubern und die Nacktschnecken ausgraben. Sie werden kaum Samen fressen. Schnecken und Würmer schmecken ihnen viel besser. Wer eine Hühnerfarm aufmachen will, die neuartig ist, legt die verschiedenen Hühnerhäuser in fünfzig bis sechzig Meter Entfernung voneinander an.

Weiter streifen Hühner nämlich nicht umher. Die verschiedenen Scharen werden sich nicht miteinander vermischen.

Wie viele Hühner auf wie viel Land?

Noch etwas: Wenn man nicht mehr als tausend Hühner pro Hektar hält (oder entsprechend weniger bei weniger Land), wird man auch keinen nackten Boden kriegen, die Pflanzen auf dem Boden werden sich immer regenerieren können. Tausend Hühner sind ungefähr die Obergrenze pro Hektar, siebenhundertfünfzig gehen auch. Pro Schar sollte man nicht mehr als achtzig Hühner haben. Die Hühner selbst finden es am besten, wenn etwa fünfzig bis sechzig Hühner in einer Schar sind. Das passt am besten zu ihrem Sozialverhalten. Ihr braucht etwa fünf Hähne pro Schar, sonst wandern die Hennen in der Gegend herum. Auf viertausend Quadratmetern könnt Ihr also vier Scharen mit je sechzig Hühnern halten und braucht insgesamt vierundzwanzig Hähne. Ihr könnt vier völlig verschiedene Arten von Hühnern halten. Die schweren Arten legen im Winter besser. Die leichten Arten legen hauptsächlich im Frühling und Sommer. Wenn Ihr Detailinformationen braucht, wendet Euch nicht an berufsmäßige Hühnerhalter, sondern an jemanden, der Hühner als Hobby hat.

Nach Berechnungen, die ich gemacht habe, erzeugt ein Hektar mit Strauchbepflanzung genug Futter für achthundert Hühner. Die Zahl basiert nicht nur auf Intuition, sondern auf Beobachtungen auf einem konkreten Stück Land. Ich werde allerdings keine achthundert Hühner halten, weil ich keinen nackten Boden haben will.

Bei Euch hier sind die Umstände anders, weil Ihr harte Winter habt und einen Teil Eures Futters einlagern müsst. Baut also mehr Sonnenblumen oder dergleichen an, zu viel aber auch wieder nicht, denn wenn die Hühner zu viele Sonnenblumenkerne fressen, fallen ihre Federn aus. Das kommt daher, weil sie dann zu viel Öl in ihrem Körper haben und die Federn nicht besonders fest sitzen.

Ich bin sicher, dass wir billigere Eier haben werden. Ich bin auch sicher, dass wir gesündere Hühner haben. Und ganz sicher bin ich, dass wir glücklichere Hühner haben, denn diese Hühner leben artgerecht. Und sie legen Eier, bis sie sterben. Viele Hühner sterben auf der Sitzstange, nachdem sie vorher noch ein Ei gelegt haben. Einige werden sechs Jahre alt. Ihr braucht Eure Legehennen also nicht zu schlachten. Das ist billig. Ihr holt jeden Tag eine Ladung Eier ab und die kosten Euch nicht viel.

Bringt das Ganze mit sehr großen Stecklingen und Pflanzen, die Ihr mit Erdballen pflanzt, in Gang. Hühner schaden kleinen Pflanzen nicht, wenn sie mit Maschendraht, Mulch oder kleinen Zweighäufchen geschützt sind. Später im Jahr, wenn sich alles etwas entwickelt hat, könnt Ihr pro Hektar etwa fünfhundert Hühner auf das Land lassen. Nach einiger Zeit des Lernens und der Anpassung könnt Ihr das System dann in die Form bringen, die Ihr haben wollt.

Auf einer Weide mit mehr als tausend Hühnern pro Hektar kann es passieren, dass die Stickstoffmengen aus dem Kot der Hühner die Pflanzen schwächen, und dann werden die Hühner möglicherweise die Pflanzen auffressen.

Das System, das wir einrichten, hat ein viel stärkeres Wurzelsystem als eine Weide und es produziert Blattmulch. Nicht alle Pflanzen müssen als Hühnerfutter dienen, auch Esskastanien und Haselnüsse können hier gepflanzt werden. Der Ertrag an Haselnüssen wird sich verdoppeln und verdreifachen. Das Gebiet ist sehr gut geeignet für Pflanzen mit sehr hohem Stickstoffbedarf und kommerziell wertvollem Ertrag, wie zum Beispiel gute Obstsorten. Und die Hühner vermindern die Konkurrenz durch Gräser und räumen mit dem Fallobst auf. Wir haben also einen Hühnerhof-Obstgarten.

Enten und Hühner als Schädlingskontrolleure

Man hat festgestellt, dass vier Hühner sich aus dem Mist eines mit Getreide gefütterten Tieres ernähren können. Auch Enten und Schafe passen sehr gut zusammen. Enten fressen zwei Dinge, die Schafen gefährlich werden können: Flachwasserschnecken, die Leberegel haben, und die Eier von Leberegeln. Den Enten schaden die Leberegel nicht. Und Enten und Schafe sind keine Nahrungskonkurrenten. Wenn wir diese beiden Tierarten zusammenbringen, ist das also sehr hygienisch. Dasselbe gilt für Hühner und Pflanzenfresser, die mit

Getreide gefüttert werden. Die Hühner fressen nicht nur Getreide. Sie fressen auch Larven und Eier von Insekten. Wenn ein Tier auf der Straße überfahren wird oder sonst wie zu Tode gekommen ist, hängt es einfach im Hühnerhof auf. Das wird die Zahl der Fliegen in Eurer Nachbarschaft deutlich verringern, denn die Larven werden herunterfallen und von den Hühnern gefressen werden, ehe sie sich in Fliegen verwandeln können. Auch Enten sind großartige Fliegenfänger. Wir können auch Insekten für sie ködern, indem wir für Insekten attraktive Pflanzen anbauen.

Bei Pflaumen und Kirschen reduzieren Hühner die Anzahl der kriechenden und fliegenden Schadinsekten. Alle Insekten, die einen Teil ihres Lebenszyklus im Boden verbringen, werden dezimiert.

Tiere und Bäume

Wenn Hühner sich im Schutz von Bäumen aufhalten können, fallen sie nur ganz selten Räubern zum Opfer.

Was wir hier tun, ist, ein ganz neues Spiel zu spielen, das bis auf wenige Ausnahmen noch niemand vor uns gespielt hat. Etwa die Leute in Sibirien und den Tundren. In Westaustralien kann man einen alten Hühnerhof daran erkennen, dass dort eine Baumluzerne wächst, die man früher für die beste aller Lieferanten von Samenfutter gehalten hat. Man kann in Tasmanien jeden alten Schweinepferch ausfindig machen, weil dort Eichen wachsen. Die Engländer haben zusammen mit ihren Schweinen und ihrem Geflügel gleich ihre Eichen mitgebracht – vernünftige Leute! Jetzt aber sind diese uralten Eichen das Einzige, was von den Schweinepferchen noch übrig geblieben ist. Die Schweine werden mit Getreide gefüttert und die Eichen füttern niemanden mehr. Die Enkel der alten Siedler sind nämlich auf die Universität gegangen und haben da gelernt, wie Schweine zu halten sind. Die alten Systeme sind kaputtgegangen, kleine Reste sind aber erhalten.

Es ist gut, die Hühner zusammen mit anderen Tieren zu halten. So haben wir im Stall die ganze Wärme der Tiere und die enorme Hitze, die bei der Zersetzung des Mistes freigesetzt wird. Wenn wir ein Gewächshaus an den Stall anbauen, können wir diese Wärmeenergie nutzen. Und wenn wir darüber hinaus auch noch das

Methan, den Ammoniak und das Kohlendioxid nutzen, dann wird es richtig effektiv.

Im Auslauf der Hühner solltet Ihr ein paar Haufen Quarzit haben. Und Ihr braucht zerstoßene Muschelschalen. Dafür eignen sich die Schalen von Süßwassermuscheln sehr gut.

Futterpflanzen für Vögel

In Nordamerika habt Ihr einen großen Kontinent mit großen Feuchtgebieten. Ihr hattet eine große Population von Wildvögeln. Euer Land hat für Wildvögel geeignete Futterpflanzen. Ihr hattet Weidegebiete für Truthähne, für Tauben, für Fasane, für Enten. In diesen enormen Weidegebieten muss es auch die richtigen Futterpflanzen geben. Wir hätten schon vor langer Zeit anfangen müssen, diese Systeme zu nutzen, anstatt mithilfe von Weizenfeldern kränkliche Kühe und Hühner heranzuziehen.

Ich möchte Euch da nur auf die enormen Möglichkeiten hinweisen, die Ihr habt. Wenn Ihr die Berichte der Entdecker dieses Kontinents lest, werden Ihr erfahren, dass sie, wenn sie den Fluss hinaufgekommen sind, nicht nur alle halbe Meile mal eine Schar Enten gesehen haben; es gab Enten zu Tausenden. Sie haben Schwärme von Wandertauben gesehen, die den Himmel von morgens bis abends verdunkelt haben. Stellt Euch bloß vor, was für Mengen an Phosphaten über diesen Kontinent transportiert worden sind.

Wir können für einige der Tierarten, die hier heimisch sind, zum Beispiel den Truthahn oder Arten, die ihm ähnlich sind, die Wälder hier so bewirtschaften, dass sie truthahngemäß werden. Viele der Futterpflanzen von Wildtieren sind Pionierpflanzen, die Grasland besiedeln können, robuste Pflanzen, die nicht darauf angewiesen sind, dass wir mulchen und graben und hacken. Diese Pflanzen bereiten den Grund für die nächste Generation von Pflanzen. Ich würde auf dem ganzen Land zuerst Vogelweiden aus Pionierpflanzen anlegen und dann zu größeren Bäumen übergehen.

Wer einen Wald aus Arten hat, die als Futterpflanzen wenig Wert haben, kann auf, sagen wir, zwei Hektar, etwas Bestimmtes probieren und auf zwei anderen Hektar etwas anderes. Es ist gar kein Problem, die Bäume zu etablieren. Das Problem ist, den Ertrag zu optimieren.

Ihr müsst beispielsweise darüber nachdenken, was für eine Art Schlingpflanze um die Eiche wachsen soll. Und in Gegenden ohne Wälder besteht das Problem darin, die Eichen erst einmal dorthin zu bekommen.

Viehfutterimporte sind unnötig

Sechzig Prozent allen Getreides auf der Welt werden an Vieh verfüttert. Darüber hinaus importieren die Vereinigten Staaten fast den gesamten Fang der südamerikanischen Fischfangflotte. Ihr importiert eine enorme Menge an Eiweiß aus dem Ausland. Amerika ernährt nicht die Welt. Die Kleinbauern der sogenannten Dritten Welt ernähren die Welt, auch Amerika. Die vor der Küste von Chile gefangenen Fische werden zu Fischkonzentrat verarbeitet und als Viehfutter in die USA gebracht. Das allein macht die USA schon zu einem Eiweißimporteur. In Tasmanien haben sie an unsere Ostküste eine Fabrik für Fischkonzentrat gebaut. Das hat dazu geführt, dass die Bestände bestimmter Fischarten völlig vernichtet wurden.

Wir schätzen, dass der Melaleuca-Baum (Kajeputbaum, *Melaleuca quinquenervia),* der in den meisten Klimazonen gedeiht, etwa sechzig Prozent des Futters unserer Süßwasserfische – also Insekten – anlockt. Die Pflanze wächst überall an unseren Wasserläufen. Mit ihrem Nektar zieht sie eine Vielzahl von Käfern und Schmetterlingen an. Wir können also Insekten anlocken und eine Situation so verändern, dass das von uns gewünschte Produkt begünstigt wird. Dabei sind wir aber nicht auf ein bestimmtes Produkt fixiert – wie etwa auf den Fisch, das Huhn, die Ente, den Truthahn.

Ich habe einmal gesehen, wie Haselnüsse innerhalb eines Hühnerauslaufes wuchsen. Innerhalb des Auslaufes waren die Büsche etwa dreimal so groß und hatten doppelt so viele Blätter wie die Büsche außerhalb. Und die Nussernte war drinnen mindestens viermal so groß wie draußen.

Tiere sind ein Teil des Waldes

Ich vermute, dass diese Landschaft enorme Mengen an Biomasse eingebüßt hat, als wir die Bodenlockerer und -belüfter vertrieben haben – die Murmeltiere, Waldmurmeltiere und Maulwürfe – und als wir die frei fliegenden Tauben dezimiert haben. Sie waren es, die Phosphat im Umlauf gehalten haben. Der Wald brachte sie hervor, schickte sie aus und sagte, füttere mich. Auf diese Weise verschaffte sich der Wald seinen Phosphatdünger. Die Tiere stellen den beweglichen Teil des Waldes dar, sie sind ein Aspekt der Bäume. Sie pflanzen die Bäume und pflegen sie. Man kann nicht die Vögel entfernen und erwarten, dass der Wald gesund bleibt. Das geht einfach nicht. Die Pflanzen kränkeln, weil ihre mobilen Komponenten fehlen. Die Tiere werden gebraucht. Ich denke, wenn wir diese Systeme wieder ins Gleichgewicht bringen, dann wird sich das in gesunden und gut wachsenden Bäumen ausdrücken. Eines Tages könnte es dann vielleicht wieder richtig große Bäume geben.

Ich habe einmal einen Walnussbaum gesehen, der in einem Hühnerhof wuchs, in einem alten, nicht mehr benutzten Hühnerhof, und die Krone dieses Baumes hatte einen Durchmesser von dreißig bis siebzig Metern, aber er war nur zwanzig Meter hoch und hundertzwanzig Jahre alt. Dieser Baum trägt säckeweise Walnüsse. Die Bäume hier sehen aber nicht so aus, als ob sie jemals richtig groß würden. Ehe sie groß sind, werden sie krank werden.

Die Umweltbedingungen hier sind günstig für bodennah lebende Vögel. Es gibt hier alle möglichen Plätze, die bestens dafür geeignet sind, kleine ökologische Inseln zu schaffen. Ich glaube siebzig Prozent des Maises brauchten wir gar nicht. Wenn wir solche kleinen alternativen Systeme entwickeln würden, entfiele die Notwendigkeit, so viel Eiweiß zu importieren.

Ich möchte von einem Film erzählen, den ich in Australien gesehen habe, er handelt vom Fischfang vor Chile, dessen Küstenland ja Wüste ist. Vor der Küste liegen Inseln, die sehr nitratreich sind – Phosphat. Eine Meeresströmung bringt dort Wasser aus der Tiefe an die Oberfläche und es leben Milliarden Fische da. Die Fische werden gefangen und zu Eiweißkonzentrat verarbeitet, mit dem amerikanische Schweine gefüttert werden.

Unter den Förderbändern, die von den angelandeten Schiffen hinauf zu den Fabriken führen, herrscht ein fürchterliches Durcheinander, erst nach einer Weile kann man erkennen, was da eigentlich vor sich geht: Es sind Bäuerinnen und Pelikane, die um die heruntergefallenen Fische kämpfen, weil sie am Verhungern sind. Die Pelikane fallen in Städte ein, die zweihundert Kilometer von der Küste entfernt liegen, und kämpfen dort mit den Menschen um Nahrung. Der Film zeigt etwas wirklich Fürchterliches.

Ich denke deshalb, dass wir uns mit Futtersystemen ernsthaft beschäftigen müssen. Die Waldweiden, von denen wir gesprochen haben, sind auch ganz großartig, wenn es um die Kontrolle von Bränden geht. Normalerweise erzielen wir damit hohe Wachstumsraten, richtig gute Pflanzen, sehr wenig Bodenbewuchs und kaum eine Ansammlung von Streu. Die Streu zersetzt sich sehr schnell, weil die Tiere sie mit großen Mengen an Stickstoff anreichern. Es ist vernünftig, mit pflegeleichten Tieren und Futter erzeugenden Pionierpflanzen anzufangen und auf diese Weise das Land für den späteren Wald vorzubereiten.

Immer wieder ist es mir passiert, dass ich eine Situation geschaffen und dann entdeckt habe, dass die Ökologie tatsächlich funktioniert. Das hatte ich, bevor ich den Entwurf machte, nicht durchschaut. Irgendjemand musste sich schon früher damit befasst haben und dieser Jemand muss ein verdammt guter Designer gewesen sein!

Das, was wir tun müssen, sieht allerdings schon ein bisschen anders aus. Es ist nicht an uns, die Kontinente zusammenstoßen zu lassen und sie wieder zu trennen und alle möglichen Kombinationen auszuprobieren, nur um zu sehen, was dann passiert.

Die Verarmung der Erde stoppen

Wir haben die Erde verarmt und jetzt befinden wir uns in der größten, intensivsten Phase der Verarmung. Wir wissen, dass wir Zehntausende von Tier- und Pflanzenarten ausrotten werden. Überall auf der Welt gehen ganze Elemente des Ökosystems verloren.

Die einzige Art und Weise, wie wir versuchen können, das wiedergutzumachen, ist die, andere Elemente in diese Ökosysteme einzubringen, die die Funktion der ausgefallenen Elemente übernehmen können. Der Wald hier bestand zu achtzig Prozent aus Esskastanien. Sie sind nicht mehr da, sie wurden umgebracht. Welche Wiedergutmachung können wir für all die Tiere leisten, die von den Esskastanien abhängig waren? Wollt Ihr zur Wiedergutmachung chinesische Esskastanien pflanzen – oder was? Der saure Regen wird im Nordosten von Amerika viele Spezies vernichten. Wir werden vielleicht nicht in der Lage sein, diese Spezies in der Gegend zu halten, aber wir müssen ihren Verlust ausgleichen. Wir haben die Möglichkeit, das System zu bereichern, die Chancen dafür stehen gut.

Immer wieder werden Stimmen laut, die sagen, es sei gefährlich, Pflanzen in ein Gebiet einzuführen, in dem sie nicht heimisch sind. Ich sage dazu: Auch ich benutze nur einheimische Pflanzen – nämlich solche, die auf dem Planeten Erde heimisch sind. Ich benutze nur Pflanzen, die in diesem Teil des Universums entstanden sind.

Die Bildung neuer Arten ist nichts, was ständig passiert. Ich glaube, dass viele unserer Systeme im Begriff sind, etwas zu werden, was ich »zeit-satt« nennen möchte. Ich glaube, es kann sich zu viel Zeit in diesem System ansammeln. Es schließt sich. Ein Wald, der einmal reich und komplex war und viele Dinge enthielt, entwickelt sich langsam zu einem großen, alten, abgeschlossenen System, das von wenigen Spezies dominiert wird. Das hat eine gewisse Ähnlichkeit mit einem freien Wirtschaftssystem, das dazu geführt hat, dass einige alte Freibeuter allen Reichtum an sich gerissen haben. Das Absterben fängt unten an und es geht viel genetische Vielfalt verloren. Dann ist es Zeit, die Sache umzustürzen. Irgendwie scheint jedes soziale System, das zu lange besteht, mit der Zeit zu verderben oder zumindest chronisch krank zu werden.

Apfelbäume: Brombeerkontrolle und Schweinefutter

Es gibt einen Mann, der eine vierzehn Jahre alte Sau hatte. Sie wurde mit vielen guten Sachen, auch Äpfeln gefüttert. Er hatte vorher schon Schweine gehabt. Ungefähr siebzehn Jahre zuvor war in einer Ecke des Schweinepferches ein Brombeergestrüpp, in dem ein Apfel keimte und langsam zu wachsen begann. Als der Baum groß war und Äpfel herunterfielen, drangen die Schweine in das Brombeergestrüpp ein, sie rotteten die Brombeeren völlig aus und ließen nur den Apfelbaum stehen. Nun verfügte dieser Mann über einen enormen Scharfsinn. Er besorgte sich eine Menge Apfelbäume, arbeitete sich in seine Brombeeren vor und pflanzte Apfelbäume in jedes Brombeergestrüpp, das er finden konnte. Er pflanzte auch Pfirsiche und Quitten und

Feigen und Birnen. Er hatte viele Brombeeren auf seinem Land. Er lebte am Fuß der Berge in einer Gegend mit viel Regen. Die Brombeeren dort sind nicht solch schwache und mickrige Dinger, wie Ihr sie hier kennt. Sie breiten sich mit äußerster Aggressivität aus. Sie füllen Erosionsgräben und wachsen so hoch darin, dass sie eine Ebene mit den Hügeln daneben bilden. Und unten fließt irgendwo Wasser. Dahin arbeitete er sich also vor, hier und da pflanzte er einen veredelten Baum, meist aber Sämlinge.

Unter solchen Bedingungen wächst der Baum schnurgerade hinauf zum Licht. Er bildet keine niedrigen Äste. Und er wächst wirklich schnell. Unter keinen anderen Umständen wachsen Obstbäume schneller. Bis in etwa drei Meter Höhe bleibt der Baum ohne Äste und dann bildet er seine Krone aus. Und wenn die Äpfel zu fallen anfangen, sind es zunächst so wenige, dass sie, außer ein paar Kaninchen, keine Tiere anlocken. Aber ein paar Jahre darauf fallen viele Äpfel vom Baum, sie riechen gut, verlieren sich zwischen den Brombeeren und fangen an zu gären. Dann hält das Vieh es nicht mehr aus. Es watet in die Brombeeren hinein, frisst Äpfel und trampelt ganz schön auf den Brombeeren herum. Dann wächst der Baum weiter und lässt eine Menge Äpfel fallen. Er wirft inzwischen auch schon recht viel Schatten auf die Brombeeren. Nun kann das Vieh absolut nicht mehr widerstehen. Es trampelt die Brombeeren in Grund und Boden. Und dann steht da dieser gigantische Apfelbaum mit einem dicken Stamm und keinem Seitenast auf den ersten drei Metern. Diese Kronen haben einen Durchmesser von zwanzig Metern, die Bäume sind achtzehn Meter hoch und tragen etwa zweitausendfünfhundert Liter Äpfel. Das Vieh bekommt etwas mehr als die Hälfte und der Rest kann abgepflückt werden. Der Baum ist siebzehn Jahre alt und sieht beeindruckend aus.

Ich weiß nicht, ob Ihr Euch diese Farm vorstellen könnt, Ihr solltet sie sehen. Da gibt es Stellen mit Eukalyptus und Akazien, hier und da steht ein riesiger Feigenbaum, ein riesiger Apfelbaum, ein enormer Birnbaum. Zwölf Birnbäume, die unter ähnlichen Bedingungen wachsen, tragen fast sieben Tonnen Frucht pro Baum. In der Gegend wachsen Unmengen von Brombeeren, aber unter den Birnbäumen wächst kein einziger Brombeerstrauch. Man kann auf die Leiter klettern und die unteren sechs Meter des Baumes beernten. Alle Früchte, die weiter oben wachsen, sind Fallobst für die Schafe und Rinder.

Am Rande des Waldes leben die Brombeeren und schleichen sich Schritt für Schritt in die Ebene vor. Auch der Apfelbaum lebt am Rande des Waldes, dem einzigen Platz, an dem er richtig gut gedeiht. Und die Äpfel fallen zwischen die Brombeeren. Sämlinge kommen, wachsen und tragen Frucht. Kleine Wildschweine kommen aus dem Wald hervor und wühlen auf der Suche nach Äpfeln zwischen den Brombeeren herum. Sie verändern den Zustand des Bodens, sorgen für erstklassige Düngung und regen das Wachstum der Pflanzen in der Randzone an. Und so marschiert der Wald voran, mit Äpfeln an der Front. Ihr könnt dieses Schauspiel überall erleben. Geoff Wallace macht das Ganze absichtlich. Sein Vorrat an Brombeeren ist inzwischen erschöpft, er hat sie auf seinem Grundstück vollständig ausgerottet.

Die Nachbarschaft von Brombeeren ist insbesondere deshalb vorteilhaft für Bäume, weil die Wurzelkonkurrenz von Gräsern ausgeschaltet wird. Gräser erzeugen chemische Verbindungen, die schädlich sind für Bäume. Es herrscht Krieg zwischen Gräsern und Bäumen. Feuer hilft den Gräsern. Brombeeren und Himbeeren helfen den Bäumen. Die Pionierarten führen so einen ständigen Kampf. Brombeeren und Himbeeren sind ununterbrochen dabei, den Baum zu mulchen und seinen Wurzelbereich von Gras frei zu halten. Er wächst viel besser, als würde er im Gras stehen. Ein Sekundäreffekt ist, dass die Brombeeren den Baum »beschneiden«, da sie die Bildung niedriger Seitenäste verhindern und bewirken, dass er eine echte klassische alte britische Krone bildet – rund mit starkem Stamm. Und um die Zeit, wenn die Brombeeren zu Boden getrampelt werden, kommt die Borke von der Wurzel des Baumes hoch. Das ist alles zeitlich aufeinander abgestimmt. Wir hätten das nicht besser planen können. Jemand muss sich das für uns erdacht haben. So mache ich immer weiter – ich entdecke irgendetwas, dann gehe ich nach draußen und schaue mich um. Ich stelle fest: Das hat es schon gegeben. Wenn es den Wald nicht mehr gibt und wir versuchen, den Apfelbaum ohne Wald anzubauen, ohne die Rinder, ohne die Schweine, ohne die Brombeeren, dann werden wir eine Menge sehr kränklicher Apfelbäume bekommen.

In Kalifornien wachsen unter Apfelbäumen oft Iris und Fenchel. Was wir uns jetzt ansehen, sind der Baumgarten und die Bedingungen, unter denen der Baum das Gras aushalten kann und dabei sehr gesund ist. Nun ist das eine sehr interessante Pflanzengruppe. Ihre wichtigste Eigenschaft ist die, dass sie kein Netzwerk von feinen Wurzeln nahe der Erdoberfläche bilden. Sie bilden nicht diesen Filz, der Licht und Regen auffängt und das Versickern von Wasser verhindert. Die Kapuzinerkresse und alle Disteln sind wirklich gute Pflanzen. Sie haben Pfahlwurzeln und große Blätter. Ihr Wurzelsystem ist schwach ausgebildet und die Blätter sind sehr wasserhaltig. Sie bilden Büschel und haben gefiederte Blätter. Solche Pflanzen sind gut unter Bäumen. Ihr könnt jetzt damit anfangen, die Pflanzen so zu arrangieren, wie es ihnen selber gefällt. Ihr könnt einen Apfelgarten entwerfen, in dem die Lichtbedürfnisse der Apfelbäume berücksichtigt sind. Wenn Ihr zu Euren Äpfeln einen solchen Garten pflanzt, werdet Ihr gesunde und schnell wachsende Bäume bekommen, ohne Bodenbearbeitungsmaßnahmen ausführen zu müssen.

Die richtigen Pflanzen finden und kombinieren

Wir bauen uns eine Sammlung von Pflanzen auf, aus der wir charakteristische Eigenschaften ableiten können. Das befähigt uns dann, der Sammlung andere Pflanzen hinzuzufügen, die dieselben Charakteristika haben. Das sind Pflanzen, die gute Barrieren gegen das Vordringen von Gras bilden und deren Blätter sehr schnell verrotten. Mit solchen Pflanzen könnt Ihr anfangen, in Eurem Obstgarten zu gärtnern. Bei uns zu Hause wachsen oft Narzissen unter Apfelbäumen. Habt Ihr Lust, Narzissen und Äpfel zu verkaufen? Oder vielleicht verkauft Ihr lieber Fenchel und Äpfel?

Geht hinaus und schaut Euch die Stellen an, an denen Maulbeere, Feige, Birne, Apfel und Quitte das menschliche Hin und Her überlebt haben. Untersucht die charakteristischen Eigenschaften des Untergrundes. Sucht nach Bäumen, deren Zweige rund fünfundzwanzig Zentimeter pro Jahr wachsen, die überflüssiges Holz in der Krone von selber abwerfen, sodass die Äste sich nicht kreuzen und schlagen und die Früchte groß werden können. Im Brombeergestrüpp wird der Baum abgeschirmt, bis er zu tragen beginnt. Wenn dann die Brombeeren entfernt werden, verlangsamt sich das Wachstum.

Einen anderen bemerkenswerten Anblick bieten Avocados, die sehr hoch sind und Tonnen von Früchten tragen. Unter diesen Bäumen liegt viel Rindermist, denn Rinder lieben Avocados.

Schaut Euch an, was unter dem Baum wächst, den Ihr begutachtet, und vergleicht den Baum mit einem idealen Baum, dessen Zweige pro Jahr ebenso viel wachsen wie die Zweige eines Baumes, der beschnitten wird. Aber Ihr beschneidet nicht. Pflanzt stattdessen vielleicht ein paar Büschel Gras unter den Baum und stutzt den Baum dadurch indirekt. Ihr schränkt nur die Wachstumstendenz ein bisschen ein.

In Tagari sind wir erst zwei Jahre auf dem Grundstück und ich bin nicht oft zu Hause. Wenn ich aber da bin, dann gehe ich in meinen Obstgarten und pflanze dort Lupinen, Beinwell, Disteln und Bambus aus. Ich versuche, mehr Kapuzinerkresse anzusiedeln. Vieh laden wir nicht in den Obstgarten ein, weil ich dort gärtnern will.

Ein Obstgarten kann sich für Hühner, die darin ihr Futter suchen, anbieten. Andere eignen sich für die Produktion von Gärtnereierzeugnissen. Andere können für Wildtiere oder Vieh geeignet sein. Wir sollten deshalb eine ganze Reihe voneinander getrennter Gärten haben.

Was auch gut unter Bäumen ist, sind Steinplatten. Ich weiß aber nicht, wie groß der Anteil der Oberfläche ist, der mit Platten bedeckt sein sollte. Vielleicht haben die Platten auch den Effekt, den Baum indirekt zu stutzen. Auf jeden Fall sind sie ideal zum Bewässern – das Wasser läuft sofort ab. Steine absorbieren selbst überhaupt keinen Regen. Unter ihnen ist es ständig feucht. Es fällt viel Regenwurmkot an – alles Dinge, die wir fördern wollen.

Unter Feigen ist ein Steinhaufen ideal. Ich habe das Gefühl, dass man das Wachstum der Feigen allein dadurch beeinflussen kann, indem man Steine vom Haufen nimmt oder den Haufen vergrößert. So ein Steinhaufen ist ein leicht zu beeinflussender Teil der Bodenbedeckung. Wenn Ihr wollt, dass die Triebe länger werden, legt einfach Steine dazu.

Es gibt Biologiebücher mit Informationen über die charakteristischen Sitzweisen von Vögeln. Praktisch alle im offenen Land heimischen Vögel brauchen eine Gelegenheit zum Aufsitzen, insbesondere alle Insektenfresser. Baut eine Vogelstange neben einen kleinen Baum; die Vögel werden kommen, die Insekten fressen und die Insekten werden in Form von Phosphat niedergehen. Wir haben das so gemacht und die Bäume mit Vogelstangen sind gesund, die anderen nicht. Die Vögel fressen Samen und Insekten und versorgen den Baum mit Phosphor. Wenn der Baum groß genug ist, den Vögeln selber Sitzgelegenheiten zu bieten, werfen wir die Sitzstangen weg.

Was Meerschweinchen können

In den Tropen hat jemand etwas sehr Schönes gemacht. Er baut Lycheebäume an und für die ist Gras wirklich Gift. Wenn sie von Gras umgeben sind, gehen Lycheebäume ein. An jedem Baum hat er einen kleinen Zwanzig-Liter-Behälter mit einem Loch gestellt und in jeden Behälter vier Meerschweinchen getan. Die Meerschweinchen laufen aus einem sehr guten Grund unter dem Gras herum: In der Gegend gibt es nämlich viele Eulen. Die Meerschweinchen lassen von hundert Grashalmen nur einen stehen. Sie bauen daraus eine niedrige und eine hohe Streuschicht auf. Sie düngen den Baum. Sie fressen den größten Teil des Grases ab und ermöglichen dem Regenwasser dadurch, ungehindert in den Boden einzudringen. Die Bäume mit den Meerschweinchen gedeihen wirklich prächtig. Eine preiswerte Art der Bodenbearbeitung. Seine Arbeiter sind Meerschweinchen und die kosten ihn sehr wenig. Die Lycheebäume aber wachsen sehr schnell. Die Meerschweinchen arbeiten erst seit vier Jahren für ihn, aber sie haben ihn schon fast zum Millionär gemacht. Das ist also eine weitere Anwendung von Tier-Pflanzen-Beziehungen, durch die ein beherrschender Einfluss ausgeübt wird.

Gelegentlich kommt eine Python des Wegs. Die reduziert die Meerschweinchen-Population, denn Meerschweinchen vermehren sich schnell. Und Pythons sind eigentlich wirklich harmlos.

Solche Bedingungen wollen wir schaffen. Wir versuchen, zum Nutzen des Waldes das Gras zurückzudrängen, und zwar auf eine möglichst produktive Art.

Bienen

Ich weiß nicht, wie es in Amerika ist, aber in Australien sind die Blühzeiten oft nicht vorhersagbar und die Wälder werden schnell auf kleine Pflanzeninseln reduziert. Ein durchschnittlicher Imker legt deutlich mehr als tausend Kilometer pro Woche zurück. Einige fahren tausendfünfhundert Kilometer pro Woche, nur um die Bienen an andere Plätze zu schaffen, ihnen Wasser zu bringen und Honig abzuholen. Es ist schon so weit, dass die Imker finanziell viel besser dastünden, wenn sie zu Hause blieben und anfangen würden, Bienenweiden anzulegen.

Gute Futterpflanzen

Es gibt eine ganze Reihe von Futterpflanzen für Bienen. Das fängt mit Feldfrüchten wie Raps und Buchweizen an und geht bis zu Sumpfpflanzen wie dem Tupelobaum, Blutweiderich und der Sumpfdotterblume. Es gibt Bäume, die sehr verlässlich in der Nektarproduktion sind, etwa die Schwarzlinde *(Tilia americana)*. Es gibt viele Lindenarten, nicht nur in Amerika. Blutweiderich kann in Sumpfgebieten eine Problempflanze werden. Aber wenn sie schon da ist, ist sie ein gutes Bienenfutter. Wenn sie hier in der Gegend wächst, könnt Ihr sie ebenso gut als Bienenfutter benutzen.

Das tasmanische Lederholz *(Dirca palustris)* könnte in diesem Klima gedeihen. Es liefert absolut erstklassigen Honig. Es hat dieselbe interessante Eigenschaft wie der Kirschlorbeer. Außer den Blüten produzieren nämlich auch die Blätter Nektar. Lederholz hat sehr aktive Honigdrüsen in den Blättern. Nehmt kurz vor Ende der Saison den Honig aus den Bienenstöcken und transportiert die Bienen in eine Lederholzpflanzung. Die Bienen werden alle drei Tage an die hundert Pfund Honig produzieren. Lederholz kann mit anderen Bäumen zusammen hochwachsen und blüht dann in der Krone oder es blüht am Waldrand. In Tasmanien ist Lederholz eine einheimische Spezies. Die Pflanze ist auch in anderer Beziehung ein toller Baum. Sie liefert gutes Holz, ist ein guter Waldbaum, ist schön und eine unglaubliche Bienenweide. Es ist üblich, in einem Umkreis von ungefähr drei Kilometern hundert bis zweihundert Bienenstöcke aufzustellen. Jeder dieser Stöcke produziert permanent alle drei Tage um die hundert Pfund Honig. In der Gegend hier könntet Ihr wahrscheinlich froh sein, wenn Ihr sechzig Pfund Honig im Jahr ernten würdet. Es sei denn, Ihr habt viele Linden. Lederholz ist ein immergrüner Baum, der in feuchten Wäldern wächst, auf die auch Schnee fällt. Er blüht bei uns Mitte Januar. Hier wäre das also Mitte Juli.

Was mit dem Baum passiert, wenn wir ihn von Australien nach Nordamerika bringen? Das verkraftet er. Er richtet sich nach der Tageslänge, wie er es gewohnt ist. Wir haben alle möglichen Pflanzen importiert und sie wachsen alle. Ihr schickt uns Herbstfrüchte von Euren Eichen, wir stecken sie in den Boden und sie rühren sich nicht bis zum Herbst. Wenn wir Frühjahr haben, pflanzen wir sie einfach gleich. Oft tun wir sie nur eine Weile in den Kühlschrank und pflanzen sie dann.

Regeln für die Bienenpflanzungen

Wenn Ihr Pflanzungen für Bienen anlegt, müsst Ihr Euch an einige Regeln halten. Pflanzt viel Bienenweide an einen Platz. Konzentriert also Eure Bienenweiden. Es ist nicht gut, sie in der Landschaft zu verstreuen. Wenn Ihr Lederholz pflanzen wollt, dann pflanzt je dreißig Bäume an zehn verschiedenen Stellen. Pflanzt sie in pralles Sonnenlicht oder an ein sonniges Plätzchen, aber nicht in die Nähe Eurer Bienenstöcke. Sie müssen mindestens hundert Meter von den Bienenstöcken entfernt sein. Sind sie näher dran, dann werden sie von den Bienen nicht besucht. Ich weiß nicht, warum das so ist, aber so ist es. Man kann nie genug niedrige Hecken zwischen den Bienenstöcken und der Bienenweide haben. Ich meine Hecken, die nur etwa 1,20 Meter hoch sind. Das erlaubt den Bienen, auch noch bei relativ schlechtem Wetter auszufliegen. Sie fliegen dann nämlich entlang der niedrigen Hecken zur Bienenweide. Diese Hecken sind Windbrecher und können auch noch in anderer Beziehung nützlich sein. Fangt also mit Thymian, Rosmarin oder dergleichen an und geht zu niedrigen Futterpflanzen über.

In Feuchtbiotopen gibt es ausgezeichnete Bienenpflanzen. Wenn Euer Land nass ist, könnte es sich lohnen, sich mit Bienenhaltung zu befassen.

Der Bienenstock

Bienenstöcke sind so konstruiert, dass man sie gut transportieren kann. Wenn wir aber davon ausgehen, dass wir unsere Bienenstöcke nicht zu transportieren brauchen, können wir auch ihre Bauweise neu überdenken. Ich stelle mir vor, dass man so etwas wie einem Bienenschuppen bauen könnte. Das würde uns ermöglichen, der Wetterfestigkeit und der Wärmeisolation der einzelnen Stöcke wesentlich weniger Aufmerksamkeit zu schenken. Wir würden den ganzen Schuppen isolieren und eine Reihe von Ausgängen für die Bienen haben. Die Arbeit mit den Bienen würden wir innerhalb des Schuppens verrichten und wir hätten ein hoch gelegenes Ausflugsloch, das alle Bienen benutzen könnten und das wir verschließen könnten. Das Ernten, Lagern und Verpacken würde drinnen geschehen. Das ganze Unternehmen würde also sesshaft werden.

Man baut die Anlage grundsätzlich so, dass die Verarbeitungsfläche eine Stufe tiefer liegt. Weil Honig schwer ist, sollte die Schleuder in Hüfthöhe angebracht sein und die Lagerfässer noch niedriger. Honig ist eine »Abwärtsfließ-Sache«. Der Schuppen hat deshalb drei Ebenen.

Ihr sagt, dass sie diese Art System in der Tschechoslowakei bereits verwenden? Das ist ja großartig! Ich wusste nicht, dass es so etwas schon gibt, ich musste es neu erfinden.

Bienenpollen

Wir müssen auf die Pollenfallen in den Bienenkörben Acht geben. Es gibt Zeiten, wo sie benutzt werden können, und Zeiten, wo sie nicht benutzt werden. Blütenstaub ist, was den Eiweißgehalt angeht, das beste von Bäumen erzeugte Mehl, das wir kriegen können. Mit dem Getreideanbau können wir also ganz aufhören. Blütenstaub enthält viele wertvolle Mineralstoffe und ist reich an Protein. Ihr könnt so viel Blütenstaub ernten wie Honig. Bei sechzig Pfund Honig bekommt Ihr auch sechzig Pfund Pollen. Es sieht deshalb so aus, als ob wir den Getreideanbau ganz aufgeben könnten. Und hundert Bienenstöcke liefern wesentlich mehr Pollen, als Ihr verbrauchen könnt.

Wir können rechnen, dass eine Familie von ungefähr sechzig Bienenvölkern leben kann. Die Bienen und der Imker mit seiner Familie sind auch für alle anderen Systeme von Vorteil. Sie erhöhen die Apfelernte; Buchweizen und Ölfrüchte tragen ihretwegen besser und in unserem Garten erhöhen sie den Samenansatz der Pflanzen.

Konstante Honigproduktion

Auch hier begegnen wir wieder einer interessanten Tatsache. Wir können von Feldfrüchten und einjährigen Pflanzen in einem abgestuften System zu mehrjährigen Pflanzen übergehen und dabei die Honigproduktion konstant halten. Wir brauchen nicht mit Schwarzlinden anzufangen. Wir müssten vier Jahre warten, ehe sie die ersten Blüten ansetzen. Wir können mit Raps, Buchweizen, Sonnenblumen und all den anderen guten Sachen anfangen. Wir brauchen nicht mit Tupelobäumen anzufangen. Wir könnten Blutweiderich pflanzen und ihn von Tupelobäumen überwachsen lassen. Und so weiter.

Es ist kein Problem, die Pflanzenarten für die Hauptsaison und die Spätsaison auszuwählen. Die Blühtermine sind allgemein bekannt. Der örtliche Imker kennt sie bestimmt.

Viehfutter

Intaktes Weideland

Es ist sehr eindrucksvoll, sich ein uraltes Weideland anzuschauen, es gibt allerdings nicht mehr viel davon. Es ist, als ob man hinginge und sich ein Stück Prärie anschauen würde, das nie gepflügt worden ist. Es gibt einige solcher Weiden in Jugoslawien und anderen südeuropäischen Ländern, wo die Leute nicht der Gewohnheit verfallen sind, alles Land umzupflügen.

Ich habe mal ein Foto von ungefähr zwei Quadratmetern einer solchen Weide gemacht und darauf achtzehn blühende Pflanzen gezählt. Und es wachsen noch mehr da, solche nämlich, die gerade nicht blühen. Manche dieser Weiden haben dreißig bis vierzig Pflanzenarten pro Quadratmeter. Es macht Spaß, eine Kuh zu beobachten, die durch eine solche Weide geht. Das ist nicht das sonst übliche Grabsch-und-Friss, Grabsch-und-Friss. Die Kuh sucht sich ihren Weg durch diesen Komplex. Wenn sie einen guten Klee frisst, wird sie unweigerlich auch ein halbes Maul voll einer weniger gut schmeckenden Pflanze abbekommen. Daraus ergibt sich ein interessanter Effekt. Es ist unwahrscheinlich, dass das Vieh eine solche Weide total abfrisst, weil viele Pflanzen von anderen geschützt werden und viele halbgefährliche, halbgiftige Arten dicht bei den bevorzugten Arten stehen. Newman Turner, dessen Bücher vor Kurzem wieder aufgelegt worden sind, weist in *Fertility Pastures* darauf hin, dass die Kühe andauernd ihre Medizin schlucken, ob sie nun wollen oder nicht. Die Kühe auf diesen Weiden haben ein glänzendes Fell, hübsche, saubere Nasen und leuchtende Augen. Sie sehen wirklich gut aus. Die Kuhhirten begleiten die Kühe. Sie sitzen bei ihnen. Was für eine angenehme Tätigkeit.

Kräuter für die Kühe

Wenn Ihr fette Kühe haben wollt, müsst Ihr Raygras (Deutsches Weidelgras, *Lolium perenne)* und Klee pflanzen, aber dann werden Eure Kühe unter Parasiten und Mangelerscheinungen leiden. Newman Turner empfiehlt eine Reihe ausdauernder Kräuter, die man die Hecken entlang pflanzen sollte. Wir wissen beispielsweise, dass Kühe, die Zweigspitzen und Knospen von Haselnussbüschen fressen können, gesünder sind und fettere Milch liefern. Obwohl Beinwell nicht zu ihren bevorzugten Pflanzen gehört, fressen Kühe doch immer etwas davon.

Manche Leute sind total begeistert von Pflanzen wie Beinwell und Löwenzahn. Und als **ein** Bestandteil der Nahrung sind sie auch sicherlich gut. Es gab aber eben auch Leute, die der Ansicht waren, all ihre Kinder, Hühner, Pferde und Kühe müssten mit Beinwell gefüttert werden, bis dann irgendjemand feststellte, dass man besser vorsichtig damit sein soll.

Wenn irgendjemand mit starker Überzeugungskraft den Leuten sagt, sie sollten sich in einer bestimmten Weise ernähren, wird es immer Leute geben, die das dann auch tun. Sie holen ihre Mixer heraus und fangen an, grünen Leim zu trinken. Das ist dumm! Und natürlich ist es unter gewissen Umständen möglich, dass sie ihre Leber schädigen werden. Deshalb ist eine Warnung ausgesprochen worden. Niemand hat festgestellt, dass Beinwell Euch umbringen wird. Wir wissen bereits, dass er das nicht tut. Alle Leute, die ich kenne, essen Beinwell und einige Blätter Borretsch *(Borago officinalis)* und wir tun Gurkenkrautblätter in unsere Getränke. Der wesentliche Punkt ist, dass man Beinwell nicht als Hauptnahrungsmittel zu sich nehmen sollte, wie das viele Leute getan haben. Beinwell ist kein vollständiges Nahrungsmittel. Ein vollständiges Nahrungsmittel gibt es gar nicht. Sich von einem einzigen Nahrungsmittel zu ernähren, ist einfach dumm. Wenn Ihr hundert verschiedene Sachen esst, ist es unwahrscheinlich, dass Ihr daran sterbt. Ihr werdet alles kriegen, was Ihr braucht. Und was Ihr nicht braucht, spuckt Ihr wieder aus. Bei einer vielfältigen Ernährung wird eine Komponente das liefern, was der anderen fehlt.

Wegwarte ist eine großartige Pflanze für Rinder. Ein Freund von mir besitzt über dreitausend Hektar Land in Tasmanien. Er bepflanzt ungefähr zweihundert Hektar pro Jahr. Aber er kauft keine Gräser- oder Kleesamen. Er kauft Unkrautsamen. Er besorgt sich Löwenzahn und Disteln. Er hatte sich eine in Frankreich gezüchtete Wegwarte beschafft, die besonders für Viehweiden geeignet ist. Und seine Weiden sind bemerkenswert. Gräser und Klee sind nur in sehr geringen Mengen vertreten. Er sät ungefähr vier Pfund Kleesamen pro Hektar aus und auch einige Grasarten. Aber hauptsächlich sät er Kräuter. Und als Kräutersamen benutzt er, was die Leute als Unkrautsamen ausgesondert haben. Sein Vieh sieht großartig aus. Seine Weiden sind sehr gelungen. Er hat den Boden nie tiefer als vier Zentimeter bearbeitet. Er ritzt den Boden nur auf und streut die Samen in die Ritzen. Er besitzt keine Maschine. Er mietet einen Mann mit einer Maschine, die den Boden aufritzt und die Samen ausstreut. Alles andere erledigt er zu Fuß.

Die meisten Leute, die eigenes Vieh haben, brauchen weder Hunde noch Pferde dafür und sie brauchen das Vieh auch nicht herumzujagen. Wenn sie dreitausend Rinder von einer Weide auf eine andere bringen wollen, sagen sie mit lauter Stimme »Los geht's!« oder pfeifen eine ganz bestimmte, den Tieren bekannte Tonfolge und all die Kühe senken ihre Köpfe und folgen ihm auf das nächste Feld.

Die Gefahr der Überdüngung

Ein anderer Freund von mir besitzt etwa zweihundertachtzig Hektar Land. Er gärtnert organisch und ist ein geachteter Fachmann für Weidewirtschaft. Seit siebzehn Jahren hat er kein Superphosphat mehr verwendet. Und der Gesundheitszustand seiner Rinder hat sich unglaublich verbessert.

Ihr bekommt alle möglichen Probleme, wenn Ihr Grasland überdüngt. Ihr habt mit Unfruchtbarkeit und Krankheiten zu kämpfen, weil bestimmte Spurenelemente nicht mehr frei verfügbar sind. Das Vieh sieht kränklich aus. Es frisst die Scheune an. Es frisst Bäume. Ganz offensichtlich leidet es an einem Mangel an Spurenelementen.

In Neuseeland befasst man sich viel mehr als in Australien mit der Möglichkeit, das Vieh an Bäumen weiden zu lassen, auf Weiden mit Pappeln und einigen Eukalyptusbäumen. Rinder lieben die Rinde dieser Bäume. Es ist sehr gut, wenn man etwa zwei Hektar hat, auf denen solche Bäumen stehen. Das ist viel besser als eine Scheune voller Heu. Ihr lasst die Rinder drauf und sie können die Bäume anfressen und niedertrampeln. Wenn Ihr die Rinder dann wieder herunterholt, schlagen die Bäume neu aus.

Weidepflanzen-Zyklen

Betrachten wir einmal den Zyklus von Weidepflanzen in einem Klima mit einem harten Winter. Zunächst ein einjähriges Gras: Es wächst bis in die Mitte des Sommers hinein, macht eine Pause, bringt im Herbst noch ein wenig Ertrag, stirbt dann und keimt im Frühjahr wieder. Die Kräuter fangen erst gegen Mitte des Frühjahrs an zu wachsen und erreichen ihren Höhepunkt im Sommer. Die Mehrjährigen sind da sehr ähnlich, nur halten sie im Sommer länger. Sie lassen dann nach, aber ihr Wert als Winterfutter ist größer. Die mehrjährigen Gräser sind die besseren Gräser für den Winter. Wenn wir die Kapazität der Weide erhöhen wollen, lagern wir die überschüssige Produktion vom Frühjahr und Sommer als Heu.

Bei Weiden aus mehrjährigen Pflanzen, die für diesen Zweck wertvoller sind als Weiden aus einjährigen Pflanzen, ist der Zeitpunkt der Ernte jedoch von entscheidendem Einfluss auf den Nährwert des Heus. Trockene Grashalme ohne Samen darin sind wirklich armseliges Futter. Sie bestehen nur noch aus Zellulose.

Harnstoff und Melasse

Ein Wiederkäuer kann Zellulose nur dann verarbeiten, wenn er noch zwei andere Dinge bekommt: Melasse und Harnstoff (Zucker und einen stickstoffreichen Stoff). Die Bauern in den trockenen Randlagen lassen ein halb volles Vierzig-Gallonen-Fass in einem Trog schwimmen, der aus einem Fünfundfünfzig-Gallonen-Fass gemacht ist, das der Länge nach durchgeschnitten wurde. In dem Trog, der aus dem größeren Fass gemacht wurde, befindet sich eine Mischung aus Melasse und Harnstoff. Diese Mischung lecken die Rinder von dem schwimmenden Fass ab, das sich dabei herumdreht. Das Zeug schmeckt fürchterlich. Die Rinder verabscheuen es. Es liefert ihnen jedoch die Stoffe, die die Bakterien im Wiederkäuermagen brauchen, um Zellulose zu verarbeiten.

Wenn Ihr den Rindern diese Mischung zur Verfügung stellt, könnt Ihr sie mit Sägemehl, Zeitungspapier und Pappe füttern. Und manche Leute tun das. Sie besorgen sich oft lastwagenweise Sägemehl oder was sie sonst an Zellulose auftreiben können. Im amerikanischen Westen werden die Rinder mit Zeitungspapier und Harnstoff gemästet. Das ist das amerikanische Rindfleisch. Ihr esst Eure eigenen Zeitungen, mit all den schlechten Nachrichten darin. Den Harnstoff erhalten sie aus Hühnermist – sechs Prozent Hühnermist in Melasse. Die Melasse aktiviert die Bakterien.

Zuckerhaltige Futterpflanzen

Bäume mit zuckerhaltigen Schoten, also Mesquite (Lederhülsenbaum, *Gleditsia triacanthos)*, Christusdorn, Johannisbrotbaum, sowie die zuckerhaltigen Triebspitzen von Bäumen wie pennsylvanischer Ahorn helfen Rindern dabei, die trockenen mehrjährigen Gräser zu verarbeiten. In einem Winterklima besteht hauptsächlich Bedarf an kohlenhydrathaltigem Futter. Ihr nehmt also Eichen und Esskastanien in Euer Design auf. Und zu Eurem großen Erstaunen stellt Ihr fest, dass es funktioniert. Ihr braucht keine großen Entwürfe zu machen. Das hat Gott schon getan. Rinder sind so beschaffen, dass sie das zu den verschiedenen Jahreszeiten anfallende Futter verwerten können.

Es gibt Pflanzen wie Tagasaste (Sprossender Geißklee, *Cytisus proliferus)* und Coprosma *(Coprosma)* – immergrüne Pflanzen, die äußerst nährstoffreich und das ganze Jahr über verfügbar sind. Wenn Ihr die von Rindern beweiden lasst, schlagen sie wieder aus, selbst im Winter, wenn auch nicht so schnell wie in anderen Jahreszeiten.

Euch stehen also drei verschiedene Möglichkeiten zur Verfügung für Rinder, für Hirsche, Ziegen und Schafe. Die erste Möglichkeit besteht darin, dass Ihr nicht nur einjährige Weiden habt, sondern auch mehrjährige. Noch besser ist es, wenn Ihr in all Euren Weiden tief wurzelnde mehrjährige Kräuter wie Löwenzahn, Wegwarte und Beinwell habt, die die Mineralstoffe mobilisieren. Weiter sollten im Weidebereich immergrüne und andere nährstoffreiche Bäume stehen, die die Tiere beweiden können. Bäume mit zuckerhaltigen Schoten sollten auch da sein, um das Vieh durch Trockenzeiten zu bringen. Diese Gruppe von Pflanzen ist von entscheidender Bedeutung dafür, wie viele Tiere Eure Weideflächen ernähren können. Für den Winter schließlich braucht Ihr kohlenhydratreiches Futter – große Nüsse und Eicheln.

Das sind die wirklich ausdauernden Komponenten – Früchte von Bäumen, die auf der Weide stehen.

In seinem Buch *Forest Farming* beschreibt Sholto Douglas ein Experiment, an dem er in Ostafrika teilgenommen hat, wo Johannisbrotbäume in großen Körben gezogen und dann auf eine Viehweide gepflanzt wurden. Ohne die Bäume brauchte eine Kuh dreieinhalb Hektar Weidefläche, mit Bäumen konnte ein Hektar dreißig Kühe ernähren.

Der Trick dabei ist, die richtigen Komponenten zur richtigen Jahreszeit einzusetzen. Wenn die Tiere Johannisbrot fressen, können sie auch trockenes Gras fressen und verwerten.

In Westaustralien gibt es einen Mann, der Milchziegen hält. Er gibt jeder Ziege drei Johannisbrotschoten pro Tag. Er hat einen Johannisbrotbaum und von dem versorgt er acht Ziegen das ganze Jahr über. Der Baum trägt nicht besonders gut. Er ist siebzehn Jahre alt. Aber der Mann sammelt nicht einmal alle anfallenden Johannisbrotschoten ein, er sammelt nur so viel, dass jede seiner Ziegen drei am Tag bekommt. Das ermöglicht den Tieren, sehr raues Futter zu verwerten, und dort, wo er lebt, ist das Futter wirklich sehr rau. Den Ziegen geht es dabei sehr gut und sie geben viel Milch.

Ihr hebt die Kapazität der Weide ganz enorm an, wenn Ihr auch nur kleine Mengen von einem Futter habt, das es den Tieren ermöglicht, ansonsten unverdauliches Weidefutter zu verwerten.

Weiden und Pappeln sind gutes Viehfutter. Wenn Ihr Ziegen haltet, braucht Ihr Pflanzen, die sich verteidigen können. Also verwendet Ihr Mesquite und Christusdorn anstelle von Johannisbrot- und Apfelbaum. Der Apfelbaum ist eine gute Zuckerpflanze. Der Pflaumenbaum ist eine gute Futterpflanze. Im Sommer sind auch die Triebe des Pflaumenbaumes gutes Viehfutter. Ziegen könnt Ihr nicht an Apfel- oder Pflaumenbäume ranlassen.

Früher wuchsen in den englischen Obstgärten große Bäume, astfrei bis in eine Höhe von zweieinhalb bis drei Meter und mit einer großen Krone. Rinder und Pferde konnten unter diesen Bäumen weiden und genüsslich den Zucker in ihren Mägen zu Alkohol vergären lassen.

Dann wären da noch die Hackfrüchte. Wenn Ihr keinen Hafer anbauen könnt, dann baut Zuckerrüben und Kohlrüben an. Es gibt verschiedene Möglichkeiten. Wenn Ihr nicht unter harten Bedingungen mit richtig kalten und schneereichen Wintern lebt, dann besteht absolut keine Notwendigkeit, Heuballen zu machen.

Das gefürchtete Pampasgras liefert idealen Schatten. Anstatt Eure Schafe nach der Schur in eine offene Landschaft zu stellen, könnt Ihr sie auf einen Hektar mit Pampasgras lassen, wo ihre Überlebensrate ebenso gut ist wie in einem isolierten Schuppen. In kritischen Zeiten braucht man Plätze, wo die Tiere Schutz finden können. Also müsst Ihr dichte Schutzpflanzungen anlegen. Ohne einen solchen Schutz können die Verluste an Milch und Fleischprodukten bis zu zwanzig Prozent betragen.

Rinder und Schafe gedeihen einfach nicht, wenn sie keinen Schutz vor der Witterung haben. Ihr habt alle schon Rinder und Pferde gesehen, die mit dem Rücken zum kalten Wind stehen und vor sich hin zittern. An einem schlechten Tag können sie vier bis fünf Kilo an Gewicht verlieren. Sie sehen erbärmlich aus und sie fühlen sich erbärmlich. Sorgt also für eine dichte Schutzpflanzung. Eine Hecke reicht nicht. Es muss ein großes Dickicht aus Bäumen oder hohen Gräsern sein.

Viele Futterpflanzen können sich selbst vor dem Vieh schützen, wenn sie erst einmal groß genug sind. Und all diese Pflanzen, insbesondere die mit zuckerhaltigen Schoten, werden vom Vieh gesät. Wenn Ihr Eure Bücher über Methoden zur Vermehrung dieser Pflanzen studiert, dann lest Ihr: »Behandele diese Samen mit Schwefelsäure, heißem Wasser, ritze sie oder reibe sie hart aneinander.« Wenn Rinder Christusdornschoten fressen, dann werden die Samen geritzt und hart aneinander gerieben. Die Rinder können die Samenschalen nicht knacken, weil sie zu hart für ihre Zähne sind. Die Samen werden dann im Magen der Rinder einem Säurebad ausgesetzt, eine Weile erwärmt und dann in einer Mistpackung abgesetzt, oft in der Nähe von Wasser. Die beste Bezugsquelle für Christusdornsamen ist der Hintern einer Kuh! Solche Samen keimen zu neunzig bis hundert Prozent.

Tiere pflanzen ihre Weiden selbst

Die beste Methode zum Bepflanzen Eurer Weide besteht also darin, die Schoten an Tiere zu verfüttern, die dann auf die Weide gelassen werden. Dann übernehmen die Tiere das Pflanzen. Auf Hawaii, in Australien und in Argentinien, wo Rinder auf großen, unkultivierten Weideflächen gehalten werden, ist es offensichtlich, dass in erster Linie die Rinder selbst dafür verantwortlich sind, ihre Futterpflanzen zu vermehren.

Wenn Ihr die Dinge genau betrachtet, werdet Ihr feststellen, dass alle Tiere, vom Truthahn bis zum Blauhäher, ihre eigenen Gärten pflanzen. Blauhäher, die nicht sehr schlau sind, verstecken oft fünfzig oder sechzig Eicheln irgendwo und vergessen den Platz dann. Die Eicheln aber sind gut gepflanzt. *(Anmerkung des Übersetzers: In Mitteleuropa übernimmt der Eichelhäher diese Funktion.)* Eichhörnchen sammeln Nüsse an Plätzen, die sie dann oft vergessen. Wenn sie ein paar Eicheln in einen verrotteten Baumstamm stopfen, hilft das dem Eichenwald bei der Fortpflanzung. Fast alle Tiere tun etwas, um ihren eigenen Garten zu bepflanzen. Menschen pflanzen auf diese Weise Melonen, Apfelbäume, Tomaten – alle möglichen Sachen.

Je weniger Tierarten, desto weniger Ertrag

Es hat keinen Zweck, Rinder außerhalb der für sie geeigneten Gebiete halten zu wollen. Vernünftiger ist es, zu Elchen oder Rentieren überzugehen und in Gegenden mit weniger als vierhundertfünfzig Millimeter Regen pro Jahr zu Schwarzbüffeln, Antilopen oder Gazellen. Antilopen sind auf trockenen Savannen zu Hause. In Amerika war die Dichte einheimischer Tiere früher größer. Es gab Büffel, dazu Weißwedelhirsche, Waldmurmeltiere und Präriehunde. Es gab hier Kolonien von Präriehunden, von denen eine einzige einen Durchmesser von hundert Meilen hatte. Das waren Eure Bodenbelüfter und sie waren sehr wirksam. Auf den Hochebenen von Kenia, wo hier und da einige Büschel Gras und Akazien wuchsen, lebten vielleicht zwanzig Herden, alles beste Rinder. Jetzt nehmen die Leute die Motorsäge, legen die Bäume um, zäunen alles ein, pflügen das Land und säen hochgezüchtete Weidepflanzen oder mehrjährigen Roggen und Weißklee, und sie bauen eine Menge Gebäude. Sie importieren hochgradig selektierte Rinder der Rassen Hereford oder King Ranch und halten diese. Und für all ihre Kühe bekommen sie nur noch ein Sechzigstel des Ertrages, den das Land vorher brachte.

Genau dasselbe ist in Amerika passiert. Wenn Ihr die Erträge der Wandertauben, der Murmeltiere, der Präriehunde und der Weißwedelhirsche zusammenzählt, werdet Ihr herausbekommen, dass der Ertrag zehn- bis zwanzigmal so hoch war wie gegenwärtig, wenn die Situation stabil ist. Außerdem standen früher viel mehr Futterpflanzen auf dem Feld. Früher gab es hier voll entwickelte Populationen von Schwänen, Enten, Hirschen, Wachteln und Truthähnen. Wenn man die bewirtschaftet und erhalten hätte, wäre immer reichlich Nahrung verfügbar gewesen.

Eure Aufgabe ist jetzt, die kleineren Tiere zu fördern, denn das Land ist jetzt in Privatbesitz und von Zäunen durchschnitten. Die Büffel können nicht mehr mit den Jahreszeiten wandern. Deshalb können sie die Existenz der Büschelgräser nicht mehr gewährleisten. Ihre instinktiven Verhaltensweisen waren es, die die Weiden gesund erhielten.

Rinder haben ihren bestimmten Platz. Rinder sind Waldtiere. Sie sind keine Weidetiere. Man muss sie jagen, damit sie auf die Weide gehen. Rinder gehören eigentlich in kühle, bewaldete Feuchtgebiete. Das lieben sie. Im Sommer verbringen sie ihre ganze Zeit in den Sümpfen, eingesunken bis zum Bauch und fressen Sumpfgräser. Im Winter kommen sie an den Waldrand, dort haben wir sie hergeholt. Das war ihre Heimat. Ich meine hier Rinderrassen, die wegen ihres Fleisches gehalten werden. Milchkühe sind viel höher entwickelt als die meisten Fleischrassen. Ich denke jedoch auch, dass wir zu lange und zu viel Milch und Milchprodukte konsumiert haben.

Wenn Ihr ein Tier in ein Weidegebiet lasst, auf dem Pflanzen wachsen, die es sehr gerne frisst, frisst es die zuerst.

Wir haben einen Teich und setzen einen Fisch ein, der sich vermehrt, wie den Barsch *(Micropterus salmoides)*. Der Teich hat eine gewisse Kapazität und die Fische vermehren sich. Man bekommt hundert Fische von einem Pfund Gewicht, zweihundert Fische von einem halben Pfund, vierhundert Fische von einem viertel Pfund. Bei einem Gewicht von einem viertel Pfund lohnt es sich kaum, die Fische zu braten. Wenn es so weit kommt, hat Euer Teich eine viel zu hohe Populationsdichte. Eine Regel beim Fischen ist, einen kleinen Fisch niemals ins Wasser zurückzuwerfen. Gebt ihn lieber den Hühnern. Fangt Ihr aber einen großen Fisch im Zuchtalter, dann werft ihn zurück ins Wasser. Zum Essen sind die mittelgroßen Fische.

In Tasmanien haben wir Forellen in stark befischten Gewässern, wo es gesetzlich vorgeschrieben ist, dass alle Fische unter neunzehn Zentimeter Länge ins Wasser zurückgeworfen werden müssen. Diese Forellen pflanzen sich fort und sterben mit achtzehn Zentimeter Länge. In den USA gibt es Gegenden, wo Hirsche mit Geweihen gejagt werden dürfen, und dort gibt es nur noch Hirsche ohne Geweihe. Wir haben intensiv befischte Hummerpopulationen, die ursprünglich normal schlanke Vorderteile und einen Stirnfortsatz hatten. Alle Hummer unter elf Zentimeter Länge mussten wieder freigelassen werden. Jetzt hat kaum einer unserer Panzerkrebse noch einen Stirnfortsatz und diejenigen, die noch einen haben, sind trotzdem zu klein.

Das ist genauso, als würde man einen elektrisch geladenen Draht in einer Höhe von beispielsweise 1,57 Metern über die Straße spannen. Wer größer als 1,57 Meter ist, wird ausgeschaltet. Es wird nicht lange dauern, dann sind alle Leute 1,56 Meter groß oder sie sind sehr groß und laufen gebückt herum.

Die richtige Art, eine standortgebundene Population von Tieren zu bewirtschaften, besteht darin, die großen, schnell wachsenden Tiere am Leben zu lassen. Wir brauchen keine Gesetze, die eine Mindestgröße vorschreiben – wir brauchen eine Höchstgrenze. Wir müssen die großen, erfolgreichen, gesunden, schnell wachsenden Tiere schonen. Esst die jungen, halbwüchsigen Tiere. Wenn die Leute anfingen, die Kühe und Bullen zu essen und die Kälber am Leben zu lassen, wären sie in einer lächerlichen Lage. Wenn wir Fallen für Panzerkrebse bauen würden, die nur kleine Krebse fangen, würden wir die Panzerkrebse andauernd und tonnenweise ernten können.

Wenn Ihr also den Teich mit Fischen füllen wollt, setzt einen Sonnenfisch ein oder was auch immer und es wird Millionen von Fischen geben, die zu fangen sich nicht mehr lohnt. Teilt den Teich mit einem Gitter und setzt einige Forellen oder einen oder zwei Hechte da hinein. Die werden die kleinen Fische aus dem System heraushalten, denn die kleinen Fische können durchs Gitter zu den Hechten hinüberschwimmen.

Ihr könnt die Hechte nicht in dem Teich freilassen, aber Ihr könnt die kleinen Fische zu den Hechten schwimmen lassen, und dann werdet Ihr immer Speisefische im Teich haben. Ihr werdet immer aktive und schnell wachsende Fische haben. Wenn sie zu groß sind, um durch das Gitter zu den Hechten zu können, sind sie gerade richtig für uns. Ihr setzt diese Grenze, indem Ihr ein Gitter mit einer Maschenweite von sechs oder sieben Zentimetern einbaut.

Der Hühnerauslauf

Betrachten wir jetzt einen Hühnerauslauf. Raubvögel mögen Hühner. Wenn wir die Hennen ihre Jungen selber aufziehen lassen wollen, sollte in jedem Auslauf, der zu diesem Zweck benutzt wird, ein richtig dorniges Dickicht sein. Ein hoher Anteil der Küken wird darin überleben. Zu Hause haben wir einen Busch, der Afrikanischer Bocksdorn genannt wird. Er geht bis auf den Boden und hat Millionen von Stacheln, die einem durch die Stiefel gehen. Selbst Katzen können in Bocksdorn nicht jagen. Hunde haben überhaupt keine Chance. Sie können nicht bis zu dem Busch vordringen. Wenn Katzen in das Dickicht kommen, müssen sie sich sehr langsam bewegen. Aber Hühner können darin herumflitzen, weil sie harte, schuppige Beine haben. Sie haben also einen Fluchtraum, der die Populationsdichte reguliert. Er schützt brütende Hennen. Dieselbe Art von Schutz müsst Ihr sehr wertvollen Nahrungspflanzen gewähren. Ihr müsst sie an geschützte Stellen pflanzen. Legt einen großen Haufen Äste in das Weidegebiet eines Tieres und pflanzt einen kleinen Baum hinein. Dann wächst Eure Nahrungspflanze heran, ehe das Tier sie abfressen kann. Einige Pflanzen haben ihre eigenen Dornen, ihren eigenen Schutz. Aber vielen fehlt das, sodass wir ihnen diesen Schutz geben müssen. Wenn wir uns mit der Bewirtschaftung von Weidegebieten befassen, müssen wir diesen Faktor immer in Betracht ziehen. Wir müssen unseren bevorzugten Tieren ermöglichen, ihr Weidegebiet nicht zu schädigen.

Exkurs: Die Eigenschaften von Tieren funktional nutzen

Ich möchte kurz über Tiere sprechen, die für solche Systeme normalerweise nicht in Betracht gezogen werden. Ich werde nur ein paar Beispiele anführen, damit Ihr eine ungefähre Vorstellung davon bekommt, was in dieser Richtung alles möglich ist.

Auf der Inselgruppe von Hawaii und nur dort lebt ein Meeresweichtier, das in die schnell fließenden Ströme hinaufwandert. Ich weiß von keinem anderen Weichtier in der ganzen Welt, das in heißen Flüssen lebt, über Felsen kriecht, Algen frisst und diese in gutes Essen verwandelt. Es gibt sie nur auf wenigen Inseln. Aber wenn anderswo die gleiche ökologische Nische existiert, kann man sie offenbar da einbürgern und man könnte sie als Nahrungsquelle verwenden.

Die Kokoskrabbe *(Birgus latro)* verrichtet Zerkleinerungsarbeiten und ist auch gut zur Insektenbekämpfung.

Die schlanke, blauzüngige Eidechse frisst Nacktschnecken – nichts sonst, nur Nacktschnecken.

Die ganze Gruppe der Tiliqua (Blauzungenskinke) in Australien besteht aus Schneckenfressern. Es gibt Schneckenfresser in der Wüste, in subtropischen Gebieten und in kühlen, gemäßigten Zonen.

Die Geckos sind richtig gute Schädlingsbekämpfer in Gewächshäusern.

Über die charakteristischen Eigenschaften von Fröschen, die nützlich sind bei der Bekämpfung ganz spezifischer Schadinsekten und die normalerweise mit chemischen Mitteln bekämpft werden, haben wir ja schon gesprochen.

Wenn man Spechte an der Baumrinde hat und Zwerghühner unter den Bäumen, geht der Befall mit Apfelwicklern auf ein Minimum zurück.

Die Schweinerasse Gloucester ist dafür gezüchtet, sich ihr Futter im Obstgarten zu suchen. Da gehören diese Schweine hin.

Kleine Kängurus grasen nahe am Boden und leben in dunklen Dickichten. Und sie sind erstklassig zur Rasenpflege. Ihr Einfluss im System ist sehr sanft. Pflanzen über sechzehn Zentimeter lassen sie in Ruhe. Gänse sind sehr ähnlich, aber etwas gröber als kleine Kängurus, wenn es um die Rasenpflege unter Nussbäumen geht. Gänse und Walnüsse sind eine uralte Kombination.

So könnt Ihr Euch die ideale Farm vorstellen: Ihr sitzt herum und betrachtet Eure Gänse und Eure Walnüsse.

Einige der großen Landschildkröten in subtropischen Gebieten grasen nahe am Boden und wachsen sehr schnell. In zwei oder drei Jahren legen sie etwa vierzig Pfund zu. Während sie das Gras fressen, walzen sie den Rasen. Für das Taj Mahal wäre eine Herde von Landschildkröten viel besser als vierunddreißig Witwen, die auf den Knien liegend das Gras mit kleinen Messern schneiden. Und man braucht kaum Zäune.

In Tasmanien gibt es ungefähr sechzig Spezies seltsamer kleiner Kreaturen, die Phreatoiciden genannt werden. Das sind Flohkrebse, die sich zu Fuß fortbewegen. Sie bewegen sich langsam und leben unmittelbar unter der Oberfläche von Schlamm und Blättern. In kaltem Wasser sind sie primäre Zersetzer. Sie sind ununterbrochen aktiv. Unter dem Eis krabbeln sie herum und fressen Blätter. Sie sind eine arktische Randzonenspezies. Sie folgen den Eiskappen hin und her. Das können sie nur in Tasmanien und in einem kleinen Teil von Südamerika machen. Einige von ihnen sind ein Stück die Berge heruntergekommen. In der devonischen Eiszeit lebten sie auch hier in Nordamerika. Ihr könnt Fossilien von ihnen finden.

Wo es sie gibt, gehören sie zu den wichtigsten Nahrungsquellen der Forellen. Hier in Amerika fressen die Forellen viel mehr Insekten. In Tasmanien fressen sie vielleicht zwanzig Prozent Insekten und achtzig Prozent Phreatoiciden. Das ist wirklich eine schnelle Umwandlung – Blätter in Phreatoiciden in Forellen, eine ganze Menge von Zwischenschritten wird übersprungen.

Weil Tasmanien eine ozeanische Insel und ein Überbleibsel eines alten Kontinentes ist, haben wir außergewöhnlich große Süßwasser-Napfschnecken.

Sie leben in kaltem Wasser und wo sie vorkommen, gehören sie ebenfalls zu den wichtigsten Nahrungsquellen der Fische. Sie leben in Seen, die einen felsigen Boden haben, ernähren sich von Algen und bewirken eine schnelle Umwandlung von Algen in Fischprotein.

Wenn wir, zumindest auf dem Papier, einige mögliche Abkürzungen durchspielen wollen, schauen wir uns immer erst nach den primären Zersetzern um, der Gruppe der Algenfresser, der

Kieselalgenfresser. Deshalb sind die Meerbarben so enorm wichtige Fische. Sie fressen Kieselalgen und wiegen fünfzehn Pfund. Um eine Forelle zu bekommen, fangen wir mit Blattalgen an, gehen über zu Zooplankton, Kieselalgen, Garnelen und dann hinauf in eine ganze Gruppe anderer Kaltwasserfische und die sind erst das Forellenfutter. Wenn wir mal den Faktor zehn benutzen, dann werden zehntausend Pfund Blätter benötigt, um ein Pfund Forelle zu erzeugen.

Wenn wir aber von Blättern zu Phreatoiciden übergehen und von da aus zu Forellen, dann brauchen wir nur noch hundert Pfund Blätter, um ein Pfund Forelle zu bekommen. Über die Phreatoiciden-Nahrungskette bekommen wir also hundertmal mehr Forellen. Wir sollten deshalb aktiv nach solcherlei Abkürzungen Ausschau halten und besonders nach den großen Zersetzern, die Blätter, Algen und Kieselalgen fressen.

Die Rolle der Muscheln besteht darin, Phosphat und Kalzium zu fixieren. In Eurer Gegend hier solltet Ihr sie nicht essen. Ihr solltet sie besser dazu benutzen, Phosphat und Kalzium aufzuhalten, ehe diese ins Meer gelangen, denn Phosphat und Kalzium sind knapp in dieser Gegend.

Die Phreatoiciden sind zu wertvoll zum Essen, denn sie sind vielleicht das Einzige, das wir benutzen können, um die abgefallenen Blätter wieder mobilzumachen. Es wäre, als ob Ihr vorsätzlich die ganzen Regenwürmer aus Euren Feldern essen wolltet.

Ich sage Euch, Ihr kommt in massive Schwierigkeiten, wenn Ihr nicht anfangt, diese Systeme zu erhalten, und viele Sachen werden vernichtet werden. Wir wollen hier nicht unverbindliches Zeug verzapfen. Es finden enorm destruktive Prozesse statt. Soweit wir wissen, ist der Nährstoffkreislauf in den Adirondacks schon zusammengebrochen. Wir versuchen, Millionen von Menschen an Orten unterzubringen, an denen die geschädigte Umwelt eigentlich höchstens ein paar Tausend ertragen kann.

Wir sollten die Funktionen von Tieren, die normalerweise nicht als integrale Bestandteile von konstruierten Systemen und auch nicht von land- oder wasserwirtschaftlichen Systemen betrachtet werden, viel genauer untersuchen. Und wir sollten herausfinden, welchen besonderen Wert sie haben und in welche besondere Nische sie passen könnten, sodass sie die Anzahl der nutzbaren Netze im Energiefluss vermehren würden. Die Phreatoiciden sind ein gutes Beispiel. Es gibt viele, viele Arten von ihnen, weil es im Devon Milliarden von Phreatoiciden verschiedenster Sorten gab. Sie haben auch eine enorme pH-Wert-Bandbreite. Zwar können sie keine stark alkalische Umwelt aushalten, wohl aber eine sehr saure. Manche unserer Flüsse haben jetzt einen pH-Wert von 3,5, das ist zu sauer für Weichtiere.

Zieht auch Tiere in Betracht, die andere Tiere in angemessener Weise vor Gefahren warnen, zum Beispiel Perlhühner. Die sind in der Lage, praktisch jede Gefahr zu erkennen, und ihre Warnsignale werden von anderen Geflügelarten richtig interpretiert.

Systeme zum Beschneiden von Bäumen

Intensives Beschneiden von Bäumen beschränkt Ihr auf die unmittelbare Umgebung des Hauses. Es sei denn, Euer Grundstück ist ohnehin klein.

Normaler Baumschnitt

Ihr kennt alle die üblichen Schnittsysteme: Einen sehr niedrigen Baum lasst niedrig und offen wachsen. Diese Art der Beschneidung ist gut für den Lichteinfall, für einfaches Pflücken, Schädlingsbekämpfungsmaßnahmen lassen sich einfach durchführen und so weiter. Das ist eine ziemlich normale Sache. Die meisten Obstbauern können Euch diese Art des Beschneidens beibringen. Es gibt Unterschiede von Ort zu Ort und von Spezies zu Spezies. Aber als allgemeine Methode ist sie völlig in Ordnung. Zwischen den Zweigen seht Ihr Stützen. Biegt einfach einen Zweig nach unten, wenn er jung ist, und hindert ihn mit der Stütze daran, wieder hochzuschnellen. Das Wichtigste dabei ist, die Anzahl der spitzwinkligen Astgabeln zu vermindern und zu bewirken, dass die Äste vom Hauptstamm aus flach wegwachsen. Solche Astgabeln halten starke Belastungen aus.

Ertragsausgleichender Baumschnitt

Noch eines: Wenn wir den Baum als System betrachten, werden wir wahrscheinlich feststellen, dass Äpfel, Birnen und die meisten Sachen nur jedes zweites Jahr gut tragen, sodass man abwechselnd gute und schlechte Ernten bekommt. Was Ihr machen müsst, ist Folgendes: Betrachtet die Baumkrone als in drei Abschnitte unterteilt. Geht um den Baum herum und beschneidet die drei Abschnitte jeweils stark, nur wenig und gar nicht. Im nächsten Jahr wird der Abschnitt, der nur wenig beschnitten wurde, stark beschnitten. Der unbeschnittene Abschnitt wird nur wenig beschnitten und der stark beschnittene Abschnitt gar nicht. Wenn Ihr das so macht, werdet Ihr feststellen, dass der Baum aufhört, nur jedes zweite Jahr gut zu tragen, sodass Ihr recht genau vorhersehen könnt, wie viele Früchte Ihr jedes Jahr bekommen werdet. In dem unbeschnittenen Abschnitt werdet Ihr eine mittlere Anzahl kleiner Früchte haben, in dem stark beschnittenen eine kleine Anzahl großer Früchte und in dem leicht beschnittenen eine große Anzahl mittelgroßer Früchte. Wie Ihr sehen könnt, wird die Arbeit des Beschneidens bei diesem System auf die Hälfte reduziert. Außerdem wird der Umfang Eurer Ernte viel genauer vorhersehbar, sodass Ihr die Vermarktung besser steuern oder Euch an einen häuslichen Bedarf anpassen könnt. Insgesamt bekommt Ihr ein bisschen mehr Früchte, als wenn Ihr den Baum alle zwei Jahre eine große Ernte tragen lasst. Ihr verliert also keinen Ertrag. Aber Ihr bekommt verschieden große Früchte.

Wenn dieser Baum im Zentrum von Gartenbeeten steht, könnt Ihr auf den Beeten die Fruchtfolge auch im Kreis um den Baum herumgehen lassen, Eure Beete also auch in drei Abschnitte aufteilen. Auf den Beeten geht Ihr dann von Starkzehrern zu Mittelzehrern zu Hackfrüchten zu Starkzehrern. Das Gleiche macht Ihr mit dem Mulch. Viel Mulch, wenig Mulch, kein Mulch. Ihr macht Euch so eine Art Rad und haltet es in Bewegung. Es gibt keinen Grund, warum der Baum nicht in der Mitte des Beetes stehen sollte. Unter ihm wachsen Rosmarin und andere Pflanzen, von denen viele speziell als Futterpflanzen für Wespen ausgewählt sind, die gut für den Garten sind.

Baumschnitt in Zone 2

Jetzt gehen wir hinaus in Zone 2. Hier macht Ihr Euch nicht die Mühe, Pfirsiche zu beschneiden, außer um totes Holz herauszunehmen, denn für die ganze Gruppe der Pfirsiche, Kirschen und Aprikosen gilt, dass es umso besser ist, je weniger sie geschnitten werden. Ihr schneidet nur das tote Holz heraus, um neue Zweige zum Wachsen anzuregen. Aber die Gruppe der Birnen und Äpfel und andere vitale, groß wachsende Bäume beschneidet Ihr auch in Zone 2 noch.

Das macht Ihr so: Lasst den Stamm bis in eine Höhe von sechzig oder neunzig Zentimeter wachsen. Dann wählt Ihr vier Zweige aus, die jeweils im rechten Winkel zueinander stehen und bindet die herunter. Wenn Ihr von oben auf den Baum schaut, seht Ihr vier Zweige im rechten Winkel zueinander, die vielleicht vierzig Zentimeter lang sind. Die sind heruntergebunden. Dann lasst Ihr den Stamm sechzig Zentimeter weiter nach oben wachsen und rubbelt alle Knospen weg, aus denen sich in diesem Bereich sonst Äste bilden würden. Und dann macht Ihr das Gleiche noch mal. In anderthalb bis zwei Jahren kommt Ihr normalerweise so weit, dass Ihr zwei Gruppen mit jeweils vier Seitenästen habt. Wenn Ihr ungefähr vier solcher Gruppen habt, wird vom Hauptstamm nichts mehr übrig sein. Ihr habt die ganze Wuchskraft seitlich abgeleitet. Jetzt habt Ihr einen Baum, der unten sehr dick ist und nach oben hin schnell dünner wird, einen sehr stabilen Baum. Wir reden hier über mächtige Bäume, die normalerweise sehr hoch werden würden. Wir hindern sie daran, hoch zu werden. Wir lassen sie in die Breite gehen.

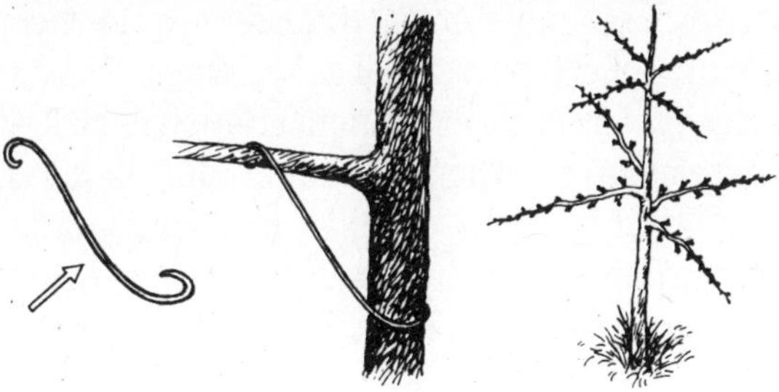

Rechtwinklig zueinander stehende Zweige werden heruntergebogen

Es kommt praktisch nie vor, dass diese Äste durch das Gewicht der Früchte abbrechen. Sie sind sehr mächtig. Wenn der Baum erst einmal diese Form hat, lasst Ihr ihn in Ruhe. Nur wenn Wasserschosse kommen, dann schneidet sie weg. So ein Baum ist äußerst stark und langlebig. Er wird viele Jahre Früchte tragen. Ihr nehmt die Zweige nach einer Wuchssaison heraus, manchmal müsst Ihr sie auch in der folgenden Saison anpassen. Nun habt Ihr sechzehn Leittriebe, denn jeder dieser Seitenäste ist gleichzeitig ein Leittrieb. Der Baum ist darüber ganz froh. Er wird nicht versuchen, aus diesem Muster auszubrechen. Er wird fetter und knospt mehr, aber er bricht nicht aus diesem Muster aus. Schließlich werden aus all diesen Leittrieben sehr große Systeme.

So ein Baum braucht nur sehr wenig beschnitten zu werden. Es ist ein pflegeleichter Baum. Benutzt diese Methode nur für große Birnen, Äpfel und Pflaumen, die sehr wuchsfreudig sind. Es ist billiger, in der Baumschule einen jungen Baum ohne Seitenäste zu kaufen und dann damit nach seinen eigenen Plänen vorzugehen.

Formen in Zone 3

Das Formen von Bäumen in Zone 3 ist noch einfacher. Ihr braucht nur eines zu machen. Das kann man übrigens überall in England beobachten: Bindet den Baum bis in etwa zweieinhalb Meter Höhe an einen sehr stabilen Pfosten und haltet ihn auf der ganzen Länge astfrei. Ihr könnt das auch erreichen, indem Ihr den Baum zwischen Büsche pflanzt. Das dauert vier bis fünf Jahre. Anschließend lasst ihn wachsen, wie er will, und er wird sehr schnell eine schöne runde Krone bilden. Solch einen Baum beschneidet Ihr nie wieder. Er hält es gut aus, wenn große Tiere unter ihm weiden.

Ihr habt also drei Sorten von Bäumen, alle von derselben Spezies. Die eine Sorte braucht eine Menge Aufmerksamkeit und liefert vorhersehbare Erträge, die zweite braucht sehr wenig Aufmerksamkeit und bringt jedes zweite Jahr eine gute Ernte, die dritte liefert riesige Mengen von Äpfeln oder Birnen, die klein sind, sie erfordern aber überhaupt keine Arbeit.

Sämlinge statt veredelter Bäume

In den äußeren Zonen würde ich außerdem dazu neigen, von veredelten Bäumen zu Sämlingen überzugehen. Sie sind zu weit weg, als dass man im Sommer da hinkäme, ganz zu schweigen im Frühjahr. Fahrt die Straßen entlang und markiert in einem Winter die jüngsten Apfelbäume. Geht erst im Frühjahr wieder hin und stellt anhand der Blüten fest, welche Sorten das sind. Geht dann im folgenden Winter hin und grabt sie aus den Hecken am Straßenrand aus. Sonst würden sie im Zuge von Straßenpflegemaßnahmen doch nur kaputt gemacht. Wir pflanzen solche Bäume manchmal zu Hunderten um. Die Leute werfen immer wieder Apfelgehäuse aus den Autos und erneuern so den Bestand. Gute Pflaumen findet man am Straßenrand auch. Ihr beschneidet Wurzeln und Zweige und wenn Ihr den Baum in die Nähe des Hauses einpflanzt, dann veredelt Ihr ihn. Aber wenn Ihr ihn weiter draußen pflanzt, dann bindet ihn an einen Pfosten fest, schneidet fünf Äste heraus und der Leittrieb schießt in die Höhe.

Wir bekommen wirklich gute Früchte von allen Bäumen, die wir aus Samen gezogen haben. Uns geht es nur darum, viele Früchte und gute Früchte zu bekommen.

Zusammenfassung

Fassen wir alles noch einmal zusammen: Um unsere Obstbäume herum kommen Pflanzen, die sekundäre Erträge bringen. Möglicherweise sogar solche, die sich vermarkten lassen. Das geht von Schnittblumen bis zu essbaren Produkten. Siedelt Pflanzen an, die Futter für die Tiere liefern, Schadinsekten reduzieren und den Anfall von Dünger erhöhen. Nehmt die richtigen Tiere. Errichtet Strukturen wie kleine Teiche und Steinhaufen, die die richtigen Tiere anlocken. Legt flache Steine aus, um das Gras niedrig zu halten und Bodenverfestigungen zu verhindern. Und schließlich, gesellt den Pflanzen ihre kulinarischen Gefährten zu.

Zum Weiterlesen

- Bell, Graham: **Der Permakultur-Garten,** pala-verlag
- Bell, Graham: **Permakultur praktisch,** pala-verlag
- Brunner, Sepp / Brunner, Margit: **Permakultur für alle,** Harmonisch leben und einfach gärtnern im Einklang mit der Natur, loewenzahn verlag
- Chauffrey, Joseph: **Mein kleiner Permakultur-Garten,** 300 kg Ernte auf 150 qm mitten in der Stadt, ökobuch-Verlag
- Fukuoka, Masanobu: **Der Große Weg hat kein Tor,** pala-verlag
- Fukuoka, Masanobu: **Die Suche nach dem verlorenen Paradies,** pala-verlag
- Fukuoka, Masanobu: **In Harmonie mit der Natur,** pala-verlag
- Fukuoka, Masanobu: **Rückkehr zur Natur,** pala-verlag
- Gampe, Jonas: **Permakultur im Hausgarten,** Handbuch zur Planung und Gestaltung mit vielen Beispielen, ökobuch-Verlag
- Holmgren, David: **Permakultur,** Gestaltungsprinzipien für zukunftsfähige Lebensweisen, Drachen Verlag
- Mollison, Bill / Allen, Jenny: **Smart Permaculture Design,** New Holland
- Mollison, Bill / Slay, Reny Mia: **Introduction to Permaculture,** Tagari Publications
- Mollison, Bill: **Permaculture: A Designers' Manual,** Tagari Publications
- Mollison, Bill: **The Permaculture Book of Ferment and Human Nutrition,** Tagari Pulications
- Rusch, Margit: **Anders gärtnern,** Permakultur-Elemente im Hausgarten, ökobuch-Verlag
- Whitefield, Patrick: **Das große Handbuch Waldgarten,** OLV Organischer Landbau
- Whitefield, Patrick: **Permakultur kurz & bündig,** OLV Organischer Landbau

Bill Mollison

Bill Mollison wurde 1928 in einem kleinen Fischerdorf in Tasmanien geboren. Mit 15 hörte er mit der Schule auf, kümmerte sich um wichtigere Dinge und half in der elterlichen Bäckerei. Bis 1954 arbeitete Mollison in den verschiedensten Berufen, er war Seemann, Fischer, Müller, Fallensteller, Traktorfahrer und Glasbläser. Neun Jahre verbrachte er in der *Wildlife Survey Section,* einer staatlichen Forschungseinrichtung, und betrieb biologische Studien und Feldforschung. 1968 ging er an die Universität und arbeitete als Assistent im Bereich Umwelt-Psychologie, wo er sich auch intensiv mit den Ureinwohnern Australiens, den Aborigines, beschäftigte.

Das Konzept der Permakultur entwickelte er 1974 zusammen mit seinem Schüler David Holmgren, die ersten Publikationen *Permaculture One* und *Permaculture Two* wurden veröffentlicht. Anfang 1989 erschien *Permaculture: A Designers' Manual,* weitere Publikationen wie *Introduction to Permaculture* oder *The Permaculture Book of Ferment and Human Nutrition* und die Autobiografie *Travels in Dreams* folgten.

1978 kehrte Mollison der Universität endgültig den Rücken und beschäftigte sich ausschließlich mit der Vervollkommnung und der weltweiten Verbreitung der Permakultur-Idee, für die er 1981 den Alternativen Nobelpreis bekam. Er gründete in Sisters Creek, Tasmanien, das Permaculture Institute und entwickelte und betreute bis 2005 weltweit in allen Klimazonen Permakulturprojekte unterschiedlichster Art. Ab 2005 schränkte er seine Reisetätigkeit ein und arbeitete weiter als Direktor des Permaculture Institute und an verschiedenen Veröffentlichungen.

Bill Mollison ist am 24. September 2016 in Sisters Beach, Tasmanien verstorben.

Bücher zur Permakultur

Graham Bell:
Der Permakultur-Garten
ISBN: 978-3-89566-196-9

Graham Bell:
Permakultur praktisch
ISBN: 978-3-89566-197-6

Masanobu Fukuoka:
Der Große Weg hat kein Tor
ISBN: 978-3-89566-206-5

Masanobu Fukuoka:
Die Suche nach dem verlorenen Paradies
ISBN: 978-3-923176-63-2

Fukuoka / Permakultur im Garten

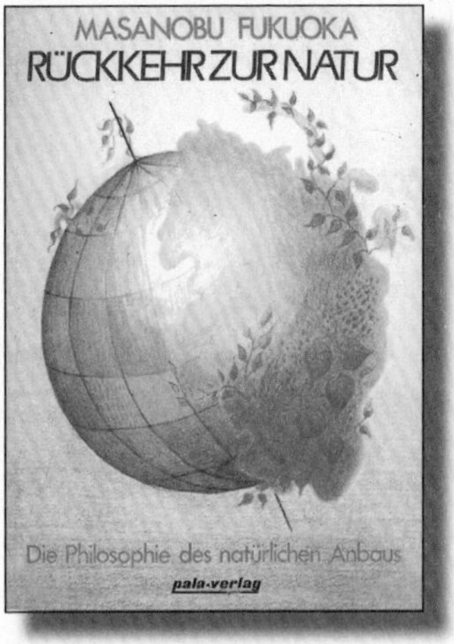

Masanobu Fukuoka:
Rückkehr zur Natur
ISBN: 978-3-923176-46-5

Masanobu Fukuoka:
In Harmonie mit der Natur
ISBN: 978-3-923176-47-2

Andrea Preißler-Abou El Fadil:
Gärtnern nach dem Terra-Preta-Prinzip
ISBN: 978-3-89566-376-5

Natalie Faßmann:
Das Kraterbeet
ISBN: 978-3-89566-355-0

Die Beiträge in diesem Buch sind einer fünfzehnteiligen Vortragsreihe entnommen, die 1981 in den USA gehalten wurde und in den USA als Schreibmaschinenskript unter dem Titel *Permaculture Design Course Series* bei *Yankee Permaculture* erschienen ist.

ISBN: 978-3-89566-198-3
5. aktualisierte Auflage 2021

Am Molkenbrunnen 4, 64287 Darmstadt
www.pala-verlag.de

Illustrationen im Buch: Margret Schneevoigt
Umschlagillustration: Atelier Heine, Mühltal

Deutsche Übersetzung: Dr. Peter Henningsen
Lektorat: Christine Waßmann / Angelika Eckstein

Druck und Bindung: Beltz Grafische Betriebe GmbH, Bad Langensalza
www.beltz-grafische-betriebe.de
Printed in Germany

Gedruckt auf
100% Recyclingpapier